事要这样做
人要这样带

（Andreas Buhr）
[德] 安德烈亚斯·布尔 著

杨耘硕 译

中国 友谊出版公司

图书在版编目（CIP）数据

事要这样做，人要这样带 / (德) 安德烈亚斯·布尔著；杨耘硕译. -- 北京：中国友谊出版公司，2019.4

ISBN 978-7-5057-4600-8

Ⅰ.①事… Ⅱ.①安… ②杨… Ⅲ.①管理学 – 通俗读物 Ⅳ.①C93-49

中国版本图书馆CIP数据核字（2019）第031191号

著作权合同登记号　图字：01-2019-0666

书名	事要这样做，人要这样带
作者	［德］安德烈亚斯·布尔
译者	杨耘硕
出版	中国友谊出版公司
发行	中国友谊出版公司
经销	北京时代华语国际传媒股份有限公司　010-83670231
印刷	北京富达印务有限公司
规格	880×1230毫米　32开
	7.5印张　120千字
版次	2019年4月第1版
印次	2019年4月第1次印刷
书号	ISBN 978-7-5057-4600-8
定价	49.80元
地址	北京市朝阳区西坝河南里17号楼
邮编	100028
电话	（010）64678009

我想感谢所有长期支持我的人，包括阿巴娜（Albana）、安妮卡（Annika）、克里斯蒂安娜（Christiana）、克里斯蒂娜（Christina）、埃尔克（Elke）、弗洛里安（Florian）、海克（Heike）、科杜拉（Kordula）、玛莉安（Marion）、纳丁（Nadine）、保特拉（Petra）、赛巴斯蒂安（Sebastian）、西蒙（Simon）、苏珊（Susanne）、蒂姆（Tim）、乌尔丽克（Ulrike）、乌特（Ute）、沃尔夫冈（Wolfgang）、亚赛明（Yasemin），以及我的家人卡琳（Karin）、尼科（Niko）和汤姆（Tom）。

目 录

contents

前 言

领导力是源自内心的。如果要在
道听途说和亲眼所见之间抉择的话，
我们会选择更有证明力的后者，不是吗？

领导行为都是从我们身边的家庭、
生活和工作环境中开始的。我们每个
人都有自己的生活，而且或多或少都
会有意识地经营着自己的生活。自由
发展人格的权利已被大多数人认可，
自由选择职业的权利也是一样。那么现
在，我们一直都在行使自己的权利吗？我们都在
领导自己吗？

然而，这一点我经常感受不到。更多的时候
我会发现，自己认识的很多人，生活状态都远在
他们的潜力之下。他们对自己及自己的生活开发
得太少，他们没有在领导自己，他们拒绝承担责任，

他们在期待着别人的行动，期待着别人在自己所处的环境中崭露头角。当我们想到自己生活在多样化的氛围中，面对着过大的选择空间时，做决定就成了一种痛苦。无论是面对超市的货架，还是面对大量的商学院或者大学举办的学术讨论会，无论是选择电话资费方案，还是在无数度假搜索引擎提供的方案中挑选住所，这种痛苦都显而易见。过多的供给会对我们提出过高的要求，有时也会导致我们无法积极主动、勇敢大胆地前进，并采取负责任的行动。

无论原因是什么，这种情况都会让失望的情绪蔓延，让人产生挫败感，让"忍受者"越聚越多。忍受总要比行动容易，抱怨同样也比做事容易。

我在整个职业生涯以及个人生活的绝大部分时间中，都致力于研究下列问题：是什么让成功人士与众不同？卓越的领导者会遵循并展现出怎样的价值观？人们该如何将这种卓越的领导力总结成几条简单的法则？即那些基础的、有启发性的原则，那些可以将好人变成卓越的、"简明清晰的领导者"的原则。这样"简明清晰的领导者"

会通过自身的努力为自己建立权威，而其他人则甘愿追随他们的脚步并相信他们的能力（即领导才能）。

本书介绍十条关于管理的法则。这些法则简单易行且很实用。每一章都会从一个简短的总结开始，即按照以下三个方面为领导者进行简要的概述：

1. 你需要这条法则，是为了什么？"为了什么"是关于意义的发问，也就是你能在未来做出什么样的改变；而"为什么"则是在询问原因，即为什么有些事目前还没有成功，所以仅仅问"为什么"是不够的。

2. 这条法则是由什么组成的？哪些领导技能是最关键的？这一部分涉及相关理论知识的研究进展，以及对应的领导技能。

3. 你怎样才能提高自己这方面的技能？我将展示一些练习、思考方式和实例，以便你能够用具体的行动提升自我。

我还总结了基础且很重要的自我反思方式，以及简单却能起到决定性作用的练习，这些将帮助你在人生道路上继续前进。如果你想对书中的个别方面继续深入学习的话，那么可以在清单中寻找相关文献。你会在书中很多地方看到网址和二维码，通过这些链接，你将获得很多免费的下载资料、表格及检索清单等。我将这些材料存放在了本书的登录界面中：www.buhr-team.com/buch-fuehrungsprinzipien。你的下载密码是：Führung_3.0。

　　本书介绍的十大管理法则，是以我几年前已经提出的"简明清晰的领导者应遵守的十条法则"为基础。在之前的《行动》（*Agiere*）和《工作，而不是抱怨！》（*Machen statt meckern!*）等书中，我已经介绍了这些为简明清晰的领导者准备的法则，所以在本书中，我对这些法则进行了更新和补充。

　　2016年，布尔团队（Buhr & Team）和卢森堡大学（Universität Luxemberg）合作进行了一项调查并将调查结果发表。该调查描述了混合式交流（线上／线下交流、社交媒体）给企业带来的变化，发现并领悟目前成长起来的一代（常常被称作 Y

世代），如何在行动中肩负起责任，以及他们是如何领导、如何以具体的方式获得成功的。这一定是一件很有趣的事。早在 2010 年，我们就和罗伊特林根大学 ESB 商学院（ESB Reutlingen）共同做了一项与营销智慧相关的科学研究，该项目为 2011 年出版的《营销如今已不同》（*Vertrieb geht heute anders*）①一书奠定了基础。

在本书中，我不会为你介绍那些新出现的、适合有经验的领导者学习的管理学说，也不会介绍刻意雕琢的知识体系和玄幻的智慧。本书只会介绍那些基础的、重要的、为简明清晰的领导者而准备的法则。这些法则能帮助所有读者找到下列问题的答案：我将如何以简明清晰的方式领导自己和别人？我应当遵循何种价值观和思想，并如何依照自身情况拓展这些思想？

本书中介绍的十条管理准则，可以帮助你继续拓展自己的管理能力，学习新的知识，保持学习的姿态。这是我的价值准则之一，也是布尔团

---

① 加巴尔出版社。

队营销管理学院（Buhr & Team Akademie）的理念之一。保持学习的姿态，能让我们一直都拥有好奇心和尝试新事物的勇气。只有做好持续学习的准备，并付诸行动的人，才能在领导他人以及为他人承担责任等方面获得最佳的结果。在布尔团队的营销管理学院成立十周年之际，我想把自己的第 11 本书，即你手中的这本《事要这样做，人要这样带》（*Führungsprinzipien*）推荐给你。书中的文字将为你带来明晰的思想。所以，我在此祝愿亲爱的读者朋友们能够在阅读的过程中找到清晰的方向，收获知识，并获得丰富的灵感，永远在这条道路上前进。

导 读

有些东西是永恒不变的，比如竞争、全球化、数字化、工业4.0、新型工作、技术工人缺口、猛涨或陡降的欧元汇率、内需上升及出口下降，抑或相反。紧随其后的便是金融危机、信任危机、企业危机、经济危机、难民危机，最后直到价值观危机。正确地应对这些商界和企业中的挑战，和我们每个人息息相关。行动吧，不要抱怨。在身处"红海"的过剩市场跃向"蓝海"①的过程中，在向新型市场的转变中，过剩市场里依旧存在激烈的竞争、市场转型的过程，其中的危机及创新压力将会带来一系列不可忽视的影响。让我们转

行动，而不是抱怨！

---

① "红海"和"蓝海"的概念是W.钱·金和勒妮·莫博涅教授在《蓝海战略》一书中提出的。简要来说，"红海市场"是指高度饱和，市场内存在的竞争血腥，趋于白热化；"蓝海市场"则为新开发的、尚无激烈竞争的市场。

换一下视角，不要再问这些影响将会对自己的企业或个人造成什么损失，而是应该问我们要做什么才能更好地渡过难关，我们能从每一次挑战中学到什么，应该如何行动才能获得更好的结果。一言以蔽之：能做些什么，该怎么去做？

高效的领导者都是实干家

真正高效的领导者会谨遵一条法则：行动，而不是抱怨。我想把这条法则更进一步地说成"即刻行动，简明至上"。"即刻"是次要的方面，它意味着迅速做出决定并完成行动。最重要的是让行动变得更加"简明"，将行动建立在简明清晰的原则和领导方针之上，将价值观转化成价值创造的领导行为。我一直将拥有这样的原则和方针的领导者称作简明清晰的领导者（clean leader），因为他们"干净"（clean），他们的领导行为简明清晰，在领导的过程中遵从一系列价值准则，这些准则让下属觉得自己的领导"摸得透"，换句话说就是值得信任。信任会带来安全感——在这个变革永不停息的时代中，在各种经济挑战中，在每一次"危机"中的安全感。上面提到的价值准则基于三大支柱，并可以归结成十条法则。这十条法则能基本保证让你的领导行为高效、好理解，并对你的下属具有激励作用。这些法则十分基础，又十分好用，即使在以 Y 世代和 Z 世代①的出现为标志的社会政治变幻中，它们也符合时代的要求。当然，在过去的几年里，新的技术工具不断出现，为了能在即将到来的"工业4.0"，或者更确切地说是"工作世界4.0"中，向随后到来的高潜力人才和公司的下一代传达自己的领导决策，简明清晰的领导者有必要掌握这些技术工具，或者至少要顾及它们。在这本书中，我将用"领导3.0"这个概念指代这些活跃在技术导向型市场中简明清晰的领导者。

十条法则基于三根强大的支柱

我将会在下面的章节中详细介绍这一系列管理法则，以及支撑它们的三大支柱。请把这套"法

价值准则和领导法则的组合

---

① 一般来说，Y 世代是指 1980 年—1995 年出生的人，而 Z 世代是指 1995 年—2010 年出生的人。

则组合"当成一个启示，一个并不试图涵盖并统一所有价值观和理念的讨论平台。关于这个话题，真的存在太多领导模式和能力管理系统了，它们来自不同的哲学和管理学流派，并最终得出不同的结果。但在我过去25年的职业生涯中，无论是作为企业家，还是之后作为演讲者、培训师、作者或企业管理专家，本书介绍的一系列价值准则和管理法则，一直都是最根本的原则，简明且突出核心本质，并切实有效。

清晰的管理法则为员工指明方向

简明清晰的管理法则，并不意味着直接否认经济世界中的困难，也不意味着用过度乐观的思维应付切实存在的挑战，或把复杂的场面看得太过简单。在这个速度不断加快、要求不断提高、情形愈发矛盾的商界中，简明的准则能给我们提供方向。除此以外，它还能帮助我们发现并战胜那些压缩决策空间、妨碍决策制定、阻挡在实际行动之前的障碍。

正确的价值观助我们通向成功

成果是我们在确定了行为方式，并付诸切实行动后出现的。行为方式又是由价值观决定的。在企业领导过程中，价值观最终凝结出成果。这些成果令我们骄傲，因为它们并不是通过损害第三方获得的，而是归功于有意识的且有意义的行动。被实践的价值观，最终促成了新价值的创造。

从价值观到创造价值

真正的领导大师会有很多闪光点，除了他们的价值观之外，还有他们的行动方式：立即发现需要展开的行动，然后为了创造出几套在未来可以实施的方案，迅速获取有价值的信息，随后在各种方案间权衡利弊，评估可能的收益和风险，最终选择一个在已经掌握的信息背景下可以实施的方案。

我们知道，真正安全的、绝对正确的决策是不存在的，因为在无数次权衡利弊、检验论据，一遍又一遍地计算数据，并组织所有能够参与的人参与决策，从而找出"多数人同意的方案"时，你的决策已经被别人做了。这个"别人"也许是一个比你更有勇气的领导者，也可能是已经尘埃

安全的决策是不存在的

落定的结果。

　　一个决策只有在回过头看的时候才可能是一个安全的选择。索伦·克尔凯戈尔[1]曾经说过："人生只能事后明白，但生活必须前进。"在做出决策的那一刻，人们必须要从多个不同的、可供选择的起始方案中挑出一个。每个起始方案均对应着不同的预期结果。行动者不是赌徒，他们不会像投机者那样把赌注押到风险最高，但同时也是收益最大的那一项。更多时候，他们会参考以下五个因素做出决定：

1. 知识

2. 经验

3. 直觉

4. 责任

5. 实用主义

　　以上的观察，我会在第四条法则的章节中再次提到。这条法则是我在过去十年以企业家、顾问、演讲者和培训师的身份与精英打交道时观察出来

---

[1] 索伦·克尔凯戈尔（Sören Kierkegaard, 1813-1855）：丹麦哲学家，著作包括《非此即彼》《人生道路的各阶段》等。

的。他们以异常稳健、平静的方式，长时间在经济领域获得成功。这些强大的领导者——我们也可以称他们为"实干家"，在中型企业中特别常见，并分布在企业的各个层面，从经理到销售部主任，再到工人、销售员、办事员和学徒。实干家也可能出现在生活中，但他们中的绝大多数更希望以创始人、自由职业者或领导者的身份证明自己。实干家总是在别人逃避的时候着手行动。他们期待短暂的冲动、通观全局的信息、简明的原则、快速的决断，以及令人满意的结果。你也是实干家吗？我相信是的。既然这样，我们就一起来看看，怎么样才能正确地实干吧。我想说：这十条重要的法则都是为以结果为导向的行动服务的，即那些能让我们前进的行动，简言之就是领导行动。

管理法则的三条宝贵支柱

这十条简单的管理法则是以三条支柱为基础的，即可持续性、以盈利为导向、以价值观为基础。

第一条支柱：可持续性——短视的想法将会葬送未来

第一，可持续性意味着我们在商业活动中制定目标和措施时，必须以长期有效为原则。这些目标和措施必须体现出对未来趋势的预判，并在战略层面上顺应未来的趋势。而想要做到这些，领导者需要对企业的未来有一个可靠的展望。

可持续性意味着呵护

第二，可持续性意味着我们要在生产和工作中，即研究和开发时注意小心谨慎地对待资源。我们要明白所利用的每一份资源的价值，并尽量爱惜资源，减少对资源的侵犯，而人力资源（例如员工）也包括在资源的范畴内。

可持续发展帮助人们创造价值

第三，可持续性意味着我们要创造出一些有价值的，能让客户长期切实受益的成果，甚至最好能创造一些能让全世界受益，让地球变得更加美好，对全人类有所帮助的成果。这会让我们的工作变得有意义，这种"意义"不仅能让我们更好地工作，还带来动力，刺激我们对前景的渴望。

可持续性让我们能够创造出真实可信的成果，即那些有助于我们获得资源，满足未来时代要求，顺应未来市场的成果。德国联邦政府的可持续发展委员会强调，"可持续性"的三个同等重要方面包括：环保性、社会性、经济性。如此看来，只有长远的眼光才能帮助我们前进。将可持续性作为决定我们行动的价值准则，对我们来说意味着什么呢？我们如何将对可持续性的期待付诸实践呢？

以下几个任务正等待着我们：

任务一：发现未来的趋势和市场，并把它们与自己的企业联系起来。

任务二：以此为背景设想一下，自己的公司应当为未来的市场带来什么样的价值观、成就和意义？

任务三：防止风险。

任务四：以保护资源的方式引导工作进程，引领发展。

任务五：从客户利益的角度出发，以长期赢利为导向管理未来。短期内提高收益的方式并不是什么秘密，并在过去的几年，即"股东价值妄想症"爆发的时间，被无数次践行过了：开除员工，撤销投资，让营销措施消失，大幅度缩减培训及继续教育的成本，让科研和发展几乎停滞，避免真正意义上的创新。这么做利润当然会在短时间内提升，但长期来看，这样的企业必将走向灭亡。这些企业生产力会下降，最终则会失去大小股东及企业拥有者。所以，我们最好做长期打算。

第二条支柱：以盈利为导向——"营业额创造机"与社会责任

企业的任务是提供产品与服务而赢利

为市场和客户提供高性价比的产品和服务，借此优化客户的生活，让企业得以持续生产并获得营业额，是企业在社会政治学层面上的使命。如果企业能很好地完成自己的使命，那么企业将变成"营业额创造机"，将会创造工作岗位，并让社会富裕安康。简而言之，这些都是卓有成效的、具有可持续性的企业行为结果。为了在明天依旧可以完成这项使命，企业必然要以盈利为导向，这便是利润的意义。而对于"客户 3.0"来说，这一切也会使他们受益。为了在明天依旧可以满足客户的愿望，利润会被不断地投入对产品和服务的改良中。而这一点则需要企业家和经理具备极强的责任感——对内要为生产过程和品质负责，对外则要为自己的行为在社会上造成的影响负责。市场的全球化进程不断发展，这要求领导者在各个领域承担责任。在"责任"（verantwortung）这个词中隐藏着"回答"（antwort）一词，在我看来，企业家、经理和执行者必须针对我们这个时代的社会、经济、政治方面的问题给出答案。企业家的责任包括参与制定企业的政治框架条件，以及共同确立并遵守企业的准则。

以盈利为导向非常关键，但盈利并不意味着以他人的利益为代价，对资源进行掠夺式地开发。一些研究项目，例如麦肯锡公司（McKinsey）开展的名为"能源作为竞争因素"的项目，证明了我们应该做得恰恰相反：该项目预测，到 2020 年，全球能源领域的市场潜力可达 2.1 万亿欧元，年增幅达 13%——这在德国意味着新增 85 万个与能源

盈利，但不要破坏

领域相关的就业岗位，以及通过有效的节能措施，使德国的家庭及企业的节能空间可达530亿欧元。具体来说，如果企业能够将自己的生产线调整到尽量节能的生产模式上，便可将税前息前利润提升10%以上。用节能取代对能源进行掠夺式的开发，在未来会变成一项具有决定性的竞争因素。问题转了一圈又回到了可持续发展上！意义、伦理学、经济环保的行为——这些要素同样属于"以盈利为导向"的一部分。

第三条支柱：以价值观为基础

信任的缺失将导致危机

在历次财政及金融危机中，有一点总是显而易见的，那就是无法忽视的领导危机。高级别领导者彼此指责，推脱责任，指责投资者和股东的贪婪，并对公司中那些灾难性的参数突然上升表示惊讶。之后企业的各个层面都会被信息搜集的怒火席卷，即针对客户和员工的信息侦查，而这只不过是表明了领导者对自己团队的不信任罢了，同时也表明了他们并不信任自己正确领导客户和员工的能力。如果所有重要的、优秀的领导行为所必需的价值准则都得不到足够重视，甚至完全不受重视的话，那么信任还从何谈起呢？

在"价值委员会"（Wertekommission）发起的一项调查中 ①，信任、责任、尊重、真实、可持续发展和勇气是顶级领导者提出的最重要的六条价值准则。但与此同时，顶级领导者也在打破这些价值准则。多项调查表明，领导者和员工双方都对彼此之间的信任表达了悲观的态度：

价值观会为企业创造价值

正直

看看目前这些惨痛的案例，即那些拿着高薪、失败的领导者，这一条价值准则简直就是个笑话。

勇气

批评、水平思考法（querdenken）、创新的勇气……这些要素在很多公司至少会被忽视掉。

然而要注意的是，被践行的企业价值观和经济收益之间存在着关联！美国阿斯奔研究所（The Aspen Institute）和博思艾伦咨询公司（Booz Allen

---

① www.wertekommission.de/events/fuehrungskrae-ftebefragung-2015/（2016年1月）

Hamilton）开展的一项全球调查就证明了这一点。价值观会创造价值，这是肯定的！金融领袖一个出众的特点就是他们拥有一份白纸黑字的价值观备忘录，这份备忘录会为所有员工提供明确的准则、方向及必要的清晰度。而他们的公司则确信，借助这些价值准则，自己的声誉、与客户的关系，以及员工的忠诚度和热情都将会得到提升。

练习：三条价值支柱

你应该记得是哪三条支柱支撑着简明清晰的领导者的十条领导法则吧——可持续性、以盈利为导向、以价值观为基础。请拿出五分钟的时间完成下面这项任务：参照这三条支柱衡量企业的现状，然后拿出一张白纸夹在书中。记录你关于这三条支柱所产生的想法，以及你必须要在哪些具体的方面做出改变。请在每次拿起这本书的时候都查看一下这张纸。这张纸会成为你的备忘录，并为你在（商业领域的）活动中做出重大决策时

提供指导方针。你可以将下面的表格作为模板
使用。

	第一条支柱：可持续性	第二条支柱：以盈利为导向	第三条支柱：以价值观为基础
企业现状： 日　期： ———			
具体的目标和任务： 要做出的改变：			
企业现状： 日　期： ———			

创造价值之前，首先要尊重价值

有必要重新学会尊重价值

　　成功的企业是如何成功地践行已经制定的价值观，而不是让价值观仅仅停留在纸面上呢？这是一个亟待解答的问题，但答案听起来却很简单：企业行为的基础就是对他人价值的尊重。企业必须要有意识地重拾并训练这条重要的，但已经被遗忘的价值准则。根据我的经验，这一点非常重要！当然，领导一个企业、个体户公司或者联合集团，在当今已经成了一项快节奏的，并且经常十分艰难的工作。在此过程中，尊重价值这一点常常会被忽视。领导对员工的可靠性、发展前途及工作成就毫无信任，并将员工看成增加成本的因素。而员工则感受不到领导身上有任何真正的威信，他们在心里已经为自己解约了工作合同，甚至积极地和领导者作对。即便是对客户及潜在客户的价值，领导者往往也没有真正加以重视：在某些行业中，那些老客户、容易相信商家的客户应该被称作"容易找到的牺牲者"（Leicht

Erreichbare Opfer，简称LEO）。没有成为客户的人，都应该被鄙视。谁如果成为了客户，就应该尽量避免用他们的"特别期求"惹人烦。买完东西的客户，必然是不需要享受服务的。强挤出来的微笑及假装出来的兴趣，对销售而言仿佛已经足够了。然而，不尊重价值，就无法创造价值。

在创造价值之前，永远要先尊重价值！

成为有说服力的榜样

对价值的尊重并不能像金钱一样在被别人索取后支付出去，它是一条每天都要践行的企业文化和生活文化，而践行这条原则要从你开始，从你的内心想法、态度及行动开始！只有自己能做到的事，才能要求别人做到。相反，你如果做出了榜样，那自然也会带动别人。你在哪方面花了心思，投入了精力，这方面就会向积极的方向发展。作为领导者，你将借助简明清晰的领导原则，

一脉相承，领导对价值重视，员工才会认可这个价值，并会为创造这个价值努力。

拥有一个能够影响员工行为的杠杆，而这个杠杆就是你自身的行为。通过自身的榜样作用改变他人的行为，是能够实现的。"通过榜样作用来领导"是一条经受过检验、合乎道德准则，并切实有效的领导方法。目前绝大部分客观存在的信任度问题，都或多或少与领导者言行不一有关，在他们说过的话和付诸的行动之间，往往存在着差别。与言语上的要求相比，人们在确定前进方向时更乐于跟随有说服力的、付诸了行动的榜样人物。

……是每个人都应该做的

　　我想再强调一遍，每个人归根结底都是领导人才，至少每个人都在领导自己和自己的生活。一旦你承担了对他人、对下属的领导工作，那你就更加需要正确管理自我的能力。因为你领导自己的方式对应着你的态度，而这正应该是你的闪光点。所以，这里出现了第二条原则：你领导自己的方式，就是领导他人的方式。

最出色的领导者会以价值观为导向

　　为什么我们要尽己之力成为最优秀的领导者？在我们搞清楚这个问题之前，必须要思考一下，做到自认为最好，究竟意味着什么。最优秀的领导者会满足道德层面上的高标准，会做出卓越的成绩，并在个人层面上继续发展自我。简而言之，道德上无可指摘，业务上成绩斐然，行动上以成果和盈利为导向。优秀的领导者会不断通过成就证明自己。这同样回答了上面提出的问题，即我们为什么要尽己之力成为最优秀的领导者。因为只有这样，我们才能获得最高的成就。这之间的联系已经被多项研究和调查验证过，例如在《企业的长期成就所必需的成功要素》[1]研究中，85.4% 的受访者表示，价值观对成就的影响很大。诸如"领导（行为）的可预知性"及"言行的一致性"等要素，在调查中都是位于最顶端的价值要素。

真正的领导大师会为顶级的成就创造条件

在作为企业家，同样也是训练师、企业的销售顾问，以及从事培训工作的多年时光中，我确

懂得珍惜价值的领导者如同一颗启明星

---

① 调查方为 Inu GmbH，调查时间为 2007 年。

定了一点：只有以正确的价值观为基准，以出色的、盈利为导向的团队才能形成并维持在高水平上。如果谁能像一颗启明星一样在员工的前方，给予他们明确的目标，并用坦诚和信任对待他们，那他的领导行为一定会带来成果。成功的领导者会以价值观为基础，营造出充满动力的、以创新为乐趣的工作环境。他们掌握了简明清晰的，即出色的领导工作所需要的前提。但只有领导者以真实的、符合自己内心及企业价值观的方式行动时，上述的一切才能实现。当你内心的价值观与外界的价值观相契合时，你便会表现得真实，这种契合会带领员工取得令人振奋的成绩，收获热情及经济上的成就。

将未来安排得充满价值：简明清晰的领导者会利用十条管理法则

在领导过程中专注于最重要的方面

　　杰出的领导比什么都重要！我将杰出的领导模式称作"clean leadership"，即纯净、清晰，突出重点的领导行为。这比优秀的管理、比以正直的态度监督领导行为都意味着更多。Clean leadership（简明清晰的领导原则）意味着在员工面前表现得正派，并尊重他们，意味着依照关键原则领导他人，即那些本质的、真实的、体现价值观和可持续发展的准则。只有专注于提高营业额、以收益为导向这两个目标，企业才能完成它们的社会使命。以上这些关键的原则，决定了领导者对他人的领导行为是否优秀。这些原则涉及全部四个领导层面，即自我领导、在一对一的谈话中进行领导、团队领导、企业领导。在下面的十个章节中，我将为你介绍十条关键的已经浓缩到最核心部分的领导法则，即那些能让你成为卓越的、简明清晰的领导者的法则。

为了能够达到模范领导者应当具有的能力层次，你首先要做到两点：第一，要尽己之力成为最出色的领导者；第二，你需要自省，需要不断检视自己。只有不断询问自己，并借助外界的眼光审视自己，只有利用可以测量的参数衡量自己的成果，你才能拥有先进的自我管理能力，并

自省属于领导能力的一部分

具有巩固管理他人的前提条件。你既要从客观理性的层面上，也要从情绪的层面上"观察"自己，因为这两个层面最终都会体现到你与同事、员工，以及家庭成员和朋友的合作上。

从某种程度上说，你在用自己的头脑和心灵衡量自己。凡是人与人之间的领导行为，都会在两个层面上发生：头脑和心灵，理性和感性，决策所需要的知识和感觉。你需要触及员工和商业伙伴的头脑和心灵。他们必须明白，自己为什么要做某件事，以及如何完成它，并且他们必须要喜欢自己做的事，即在内心拥有对自己行为的认可和激情。同时在这两个层面上进行领导工作，是一项富有挑战性的任务，也许我们会担心自己被过高地要求。实干家类型的人特别喜欢专注于触手可及的问题，完成一项就打一个钩，然后再前往下一个"工地"。但领导行为并不是这样的。卓越的领导者会在本质、重要、与价值观相关的层面上开展工作。改变得越彻底，所带来的效果就会越显著。

自我反思：带着批判的精神审视自己的榜样作用

这个建议需要你有一定的自省精神，但必须对自己非常诚实。请带着批判的态度问自己，你作为领导者是不是一直都在发挥榜样的作用。

＊你了解自己生活中的任务吗？哪些工作能够推动、激励自己？又有哪些工作是你能移交给他人的？

＊你目前在做那些的确有必要做的事情吗？还是已经在盲目的"行动主义"中迷失自我，并忙着做一些并不能引领你达到目标，但却能给你带来充实感的事情？

＊你要求他人，包括你的员工及销售人员做到的事情，你在他们面前做到了吗？

"并不是因为事情难，所以我们不敢做，而是因为我们不敢做，所以事情才难"，这是古罗马

只有改变自己的人，才能创新

哲学家塞涅卡①曾经说过的话。我们在生活中经常会被一些事情吓退，因为这些事情仿佛无法完成，或者我们害怕在完成的过程中出现种种不适，抑或因为我们为了达到目标而不得不改变自己。我们难道真的已经不再相信可以改变自己了吗？我们知道，只有能够改变自己的人，才能创新，才能做到更好，才能将自己打造得更加卓越。因为我们并不是以"change"（改变）为目的，即为了改变而改变，而是通过转变寻求自我提升。

---

① 吕齐乌斯·安涅·塞涅卡（Lucius Annaeus Seneca，公元前4年－65年）：古罗马时代著名哲学家、政治家。

CHAPTER

管理法则1：专注于重要的事情

简明清晰的管理法则一：事情的核心总是简单并关键的。

你需要这条法则是为了什么？	相比于频繁更换领导模式，这条法则能够让你仅仅参照几个简单而重要的关键部分，就可以在企业工作中做得更多更好。
这条法则是由什么组成的？哪些能力是最关键的？	专注、精神净化、直觉、经验知识。
你如何提升这些能力？	你将接触到三个自我反思和练习，这些反思和练习将帮助你更好地清理自己的心灵空间，并让你的直觉更加准确。

将一件事压缩到最关键的部分，是一个艰难的过程。这意味着你必须要抛弃很多与领导学相关的理论，以及那些阻碍你完成关键任务的事情。你要更多地为公司工作，而不是在公司工作。带领公司走向未来的，并不是你坐在办公桌前那数以百计的、效率或高或低的工作时间，不是你经营的那些社交媒体，也不是你和下属之间互相发来发去的邮件，而是视角、目标和战略。背负太沉重的负担，为不同类型的市场耗费精力，尝试迎合每一位潜在客户，或仅仅抓住那些不属于贸易核心的内容不放，都会使人迷失，为自己招致怀疑，并让一切都失去意义。这样的行为会让我们偏离最重要的一条方针：

在正确的时间、正确的地点，以正确的方式，坚持不懈地做正确的事。

在内心打造一个指南针

上面这条指导方针看起来虽然简单，可它本身却十分复杂，因为这条方针包含了一系列不确定因素，而你需要以"正确"的方式统筹所有的因素。"正确"并不是绝对的，而是要视具体情况而定。但如果一件事是以经典的、"正确"的、良好的价值观为基础，那它便是正确的，便拥有了规范效力，而我们如果能经常做这样的事，坚持不懈，便可以让内心获得安全感。上千次练习过的内容会转化为自动触发的知识，会成为一个潜意识中的行为方式。这些内容会成为我们的直觉，或者说是"腹中感觉"（bauchgefühl），因为我们不用再去下意识地思考现在应该怎么做才是正确的。我们在自己的内心打造了一个指南针。

练习：精神净化

有一些简单的练习可以帮助你提升自己的注意力，并让你的直觉更加敏锐。这些练习会让你将注意力集中到自己内心最深处，并在短时间内让你的精神层面受益。其中一个可以帮助你进行精神净化练习，叫"清理背包"（reinigen des rucksacks / clean your back）。

具体说来，你要在每天晚上有意识地将"背包"，即自己的脑海清空，这仅占用你五分钟的时间。请让这个有用的练习变成你的习惯。你很快就能感到更加轻松，并能提升自己的专注力。

每天晚上都给自己提以下三个问题，并在自己的"成就与动力日记本"中记下问题的答案：

1. 我今天都能学到什么？

2. 今天哪些事让我发自内心地感到高兴（精英人士每天晚上都会将这些事写在自己的"成就日记本"中，并将日记本放在床头）？

3. 我今天应当感激什么（能将一个想法带入梦乡就足够了，因为这个想法经常会在第二天早晨起床时变成一个巨大的灵感）？

在恰当的时间做正确的事

让内心的声音帮助
你做决定

　　如果我们观察成功人士的行为模式，便会得出一个引人注意的结论：很多顶级企业家并不是通过理智做出职业和商业方面的决策，而是通过直觉。你有过内心的声音告诉你要做什么的感觉吗？当然，成功的法则绝不意味着按照感觉处理复杂的情况，而不是依靠理智解决方案。人们不应该依靠来自单一渠道的信息、"一面之词"，或者以一维模式的思考为基础做出决定。我想说的是，在做决定的时候不能仅仅将感性和理性层面中某一个进行层面考虑，而是要将两个层面都考虑到。"直觉"其实指的是我们能够感受到的那个内心"决策层"。作为一个学习的过程，和单纯的理智相比，直觉能够帮助我们更加高效地理解所有的感知、解释和说明，并将它们加以分类。关于"直觉"这个概念有各种各样的诠释，歌德将直觉描述成对人内心世界的揭露，卡尔·古斯塔夫·荣格①认为直觉是一种出自本能的理解。两种解释其实说的是一回事儿：我们知道，自己可能会明白一些东西，却无法解释是怎么明白的，自己为什么能明白。直觉很重要。直觉是经验的结晶，它以无意识的感知为基础，并会在合适的时机转变成思维的火花及知识。直觉可以演化成对事物的认识。

在生意场上，你如何从自己的直觉中获益

　　将直觉当成额外的顾问使用，对作为领导者的你有几点好处：因为直觉出现得很迅速，属于"深层次分析"，并包含了所有的关联。直觉总是以所有的经验为基础，所以相当于是已经内在化的知识。如果你想领悟一件事情更深层次的意义，并在几毫秒之间就在内心评价这件事，那你一定需要一把钥匙，有时候直觉就是这把钥匙。绝大多数情况下，直觉会在我们早就放弃解决一

直觉也是解决问题的钥匙

---

　　①　卡尔·古斯塔夫·荣格（C.G.Jung，1875-1961）：瑞士心理学家和精神分析医师。

个问题的时候，出现在我们面前并帮助我们。这反过来意味着直觉不能强求，直觉往往是在我们思考一些完全不相干的事情时，在我们已经释怀，并忙着其他事情的时候出现。然而，可惜的是，不是每个冒出来的灵感都等于直觉，这些灵感常常是我们已经习得的、源自他人的态度和信仰，以类似直觉的方式出现在我们脑海中。

自我反思：加强自己的直觉

为了能借助直觉来行动，你需要与自己的情感层建立良好的联系，而这一切的前提则是你要能够察觉到自己的感受。如今人们也将这种有意识的感知和聚焦称作"正念"。这里有三个能帮助你加强直觉的技巧。

1. 通过每天三到五次让自己得知内心的感受，你可以训练自己的直觉：请用具体的文字描述你在某一刻的状态和感受。你不用将这些文字大声说出来，而只需在脑海中写出即可。请描述得具体、精确，你可以通过这个办法训练自己的正念。

2. 你还可以通过一个简单的训练加强自己直觉的效果：当电话铃响时，请感知一下打电话的人会是谁，以及其他与电话有关的因素。将它变成一个游戏吧！

3. 如果你未来要做决定，请有意识地注意一下自己的第一感，并在内心将它转化成文字。将第一感与你在理智地衡量已有的事实信息后做出的决定进行对比，然后权衡一下这两种决定可能带来的作用和影响。通过这种方式，你将能够更加细腻地察觉自己感性层面的发展历程，并让自己对直觉特征持开放态度。

直觉需要训练

当然，一些以客观为导向的实干家会在此时提出异议，表示自己没有时间训练直觉，或者无法接近自己的直觉。针对第一类人，我想用一个农夫的故事回应：有个农夫养了鸡，却从来都找

投入时间，是为了节省时间

不到鸡窝在哪里，当然也就找不到那些美丽的鸡蛋。每天晚上，他的妻子都会问他有没有在白天搭建一个鸡舍，让鸡不会到处乱跑，而他的回答总是"没有"，因为他为了找到那些鸡窝，一整天都追在鸡的身后跑。好吧，有时候人们为了节省大量时间，的确需要事先投入一点儿时间。我们可以为训练直觉投入一些时间，以便能节省那些由于错误的决定而浪费的时间。因为在设定目标时，错误的决定总会消耗大量的时间。而直觉是个工具，也许能马上帮助你理解复杂的事件，并从可执行的选项中迅速做出一个恰当的选择。然而就像安德里·马丁斯（Andree Martens）在与业内专家进行多次交谈后[①]总结的那样，直觉是需要我们"学习"的。

让内心的"内政部长"成为直觉的发言人

　　对第二类人，我可以向他们保证，他们可以重新唤起自己忘记、丢失的一切。直觉会从各个源头流出，从你心中那位凡事都会打个招呼的"内政部长"那里，以及从你在生活中千万次有意无

① 见《经理课程》（*Manager Seminare*）杂志（2015 年，总第 209 期）。

意积累下来的经验中，直觉会将这些经验在几秒之内汇聚成一个决策单元。就像我曾说过的，直觉不是会落到我们头上的魔法，而是源于我们成千上万次的积累，也许已经消失在意识中的经验。这些经验会凝结成知识，而这种知识则可以在最短的时间内被更新。这一点能在消防员身上得到证实：消防员可能在几秒钟之间就变成火场中的英雄，因为他们总是听从自己的直觉。科研人员对此是这么理解的：消防员的直觉会整合他在火场中积累的上千条（至少也有上百条）信息碎片，在这些信息中，总会有一条强有力的信息冒出来告诉他们："这里肯定有什么不对劲！"正是这几秒，让人们在爆炸和坍塌发生前得到了保护。而消防员这种迅速的反应，在事后便无法再解释了。

　　当然，直觉只是众多能够帮助我们掌控复杂局势、做出决定的方法之一。绝大多数情况下，我们会在下一步用理智衡量自己的直觉。不完全相信或排斥自己的直觉，是一种明智的举动。最新的研究显示：通过直觉获得的知识，总是来自

让直觉和理智组成团队

过去的资源，但在这个瞬息万变的时代，直觉可能仅在一定程度上适用于与未来挂钩的进程和决策，因为直觉总伴随着"跟不上时代"的危险[①]。然而，我们在生活及商务工作中，在需要做决定时，往往会首先利用直觉理解最重要的内容，没有哪一种当代领导学说会驳斥这一点。直觉，就是这么关键。

---

① 来自安德烈亚斯·蔡斯（Andreas Zeuch）的观点，引自安德里·马丁斯（Andree Martens）。

CHAPTER

管理法则2：成为值得信赖的榜样

简明清晰的管理法则二：作为榜样，以负责的、值得信赖的方式行动。

你需要这条法则是为了什么？	这条管理法则的目的在于让作为领导者的你，能够发现并利用自己的资源，以便让自己成为一个坚定的、有能力、值得信赖的榜样。因为只有利用自身的正能量，你才能以一种让员工、客户、公司和本人都受益的方式关心员工和客户。
这条法则是由什么组成的？哪些能力是最关键的？	可靠性、可信性、一贯性、协调一致、以资源为导向。
你如何提升这些能力？	你将获得帮助寻找自我价值观的指导，以及关于如何将别人对你的印象与自我印象进行对比的方法提示。

作为领导者，你必须始终都是榜样，因 不要说一套做一套
为你需要利用自己的榜样作用领导别
人。照自己所说的行动！所以，你需要让自己的
言语、行动、价值观和影响力彼此相符，并相互
关联。谁如果像酒肉和尚那样说一套做一套，那
他必将失去自己的可信度和权威。相反，如果你
没有让自己挂在嘴边的价值观成为干巴巴的言
语，而是一直都能赋予它生命力，那你不仅会
在别人眼中变得有价值、值得信任，而且还会
享受到内心的快乐，并感受到价值观为你的工
作注入的力量。这些价值观是道德层面上的、
关乎集体利益的价值观，而这个"集体"始终都
包括你的公司。

练习：探明内心真实的价值观

　　如果不知道自己身在何处，那必然也无法知道自己前进的方向，当然也就更不知道要将别人带向何方。你心中的价值观，最原始的、内心最深处的信念，会赐予你前进的动力，并为你的生活与追求注入能量。如果你以此为动能前进，那你前进的每一步都会很容易。如果你是逆着自己的价值观和信念前进，那长期看来，一切都会变得很艰难，你也会精疲力竭。

　　所以，每隔两三年就要自测一下对你来说重要的价值观，并将它们与你在企业中所经历的价值观进行对比。

　　＊请列出所有对你来说特别重要的价值要素。将每一条价值要素都与其他的一一比较，你必须不断决定（哪些价值要素对你更加重要）。

　　＊这样，最终会剩下三到五条对你来说真正重要的价值要素。

　　＊将这些价值要素与企业的价值要素进行比

较，如果你能在企业价值要素的宝典中找到自己的价值要素，以及自己的身影，那你便可以真实地发挥出自己关键的、不可或缺的榜样作用。

即使做到了公司销售部和市场部的顶层组织者，这些原则也是有效的。你要能够（也必须）践行自己内心最深处的那些重要的东西。只有这样，你才能长期快乐地做出成绩，而不是身心俱疲。如果不是这样，那你就得承担后果了！在这方面，你至少要和一位能够给你带来动力的训练师谈谈。

避免价值观的冲突

有一点是很清楚的：价值观不仅仅对你来说是一个驱动力，对你的下属、同事和客户也是如此，当然还有你的家庭成员、朋友及社交圈。所以，你作为领导者，作为简明清晰的领导者，重要的是要清楚自己的榜样作用，并像之前所说的那样注意自己的行为。也就是说，你要思考对你来说重要的价值要素，是否和那些你需要领导并评价

不是每个人都有同样的价值观

的人的价值要素相吻合。你必须要了解那些每天都被你领导的人"内心的安排"，即他们在价值观方面向往的那片"风景"。当然，你不可能完全了解或懂得他们的价值观，一般情况下，你只要记住下面这一点就已经足够了：这些人的价值观是客观存在的，并会决定他们个人或企业的行为方式，当你破坏了他们的价值观时，这些人或者你的企业一定会有所反应。

作为领导者，你心中一定要对他人的价值观有清晰的认识。

忠实于自己的价值观

然而这种认识，不应该导致你为了适应他人的价值观而调整自己，例如扮演被错误解读的"反权威领导者"的角色，或者只为了能够满足第三方的期待，而作为"下属身边的同事"放弃你的领导作用。这样的话，你将会为自己和公司交出一份差劲的工作：你作为领导者呈现出了软弱的姿态，在管理和引领他人的过程中缺少必要的连贯性，长此以往，你会让自己精疲力竭。

是的，这条法则要求你作为卓越的领导者，必须不断坚持从各个层面思考价值观冲突的问题，包括自我价值观与企业价值观、自我价值观与下属价值观、下属价值观与企业价值观之间的冲突。关于最后一点，我们在涉及招聘的章节中还会提到。

自我反思：价值观

需要反思的内容是，你在做出与工作相关的决策时，会更愿意参照谁的价值观行动？你是会贯彻自己的价值观，还是按照你设想的别人对你的期待行事？依照经验，我们经常会遵照后者，然而我们不可能知道自己的设想是否准确，不可能知道第三方是否真的对我们有所期待，或者有什么类型的期待。所以你可以为自己在工作中的决策确立一个"价值准则序列"，你可以借助它来逐条询问自己。在决策的时候，你的哪些最重要的价值准则被肯定，或者被满足。这会给予你安全感，并让你成为优秀的领导者。下面这个例子展示了某个领导者在决策前已经确定的最重要的价值准则。

每一次要在生意方面做出重大的决策时，我都会问自己：

*这个决策是否会对我的个人发展有帮助或是否能让我从中学到什么？

*这个决策是否会让公司里的大多数员工受益？

*这个决策是否会为我，确切地说是为我的公司带来营业额和收益？

*这个决策是否对公司以及我个人在目标设定的层面上都是一次创新？

*这个决策是否会以产品或服务的形式，让他人的生活更加简单、美好，所以相应的产品或服务也必然会得到应用？

*这个决策与我在可持续发展和环保方面的价值观是否吻合？

*这个决策是否会让通向某个目标的道路变得更简单、更好、更美丽？

*这个决策是否会对我与家人的共处产生积极

影响？

　　＊这个决策是否会为我带来更多的个人资源，抑或耗费我更多的时间和精力？

　　这个例子中的领导者已经为自己设定了基本的行事规则。只有当以上这些问题中的至少五条答案为"是"时，他才会针对某个处在争论中的关键点做出积极决定。

　　当然，如何行动最终是由你决定的。价值观反思的好处是，你只要在一段很短的时间内实践它，它就会变成你的思维习惯，并帮助你做出令人满意的、与你价值观相符的决策，以真实的态度向他人传达你的决策，并作为榜样，将这些决策坚持到底。

关于"真实性"的悖论

　　目前没有哪个词比"真实性"更具有统治力了——任何人、任何事都要"真实"。但对我而言，

仅仅"真实"是不够的"……"

"真实"是远远不够的。首先，"真实"并不意味着一个人强大、高尚、有价值观、有预判力。希腊语中的"authentikós"（德语"authentisch"的词源）意思是"真实"和"可以被信任"——这么说来，一个人也可以是一个真实的蠢蛋。所以，目前甚至出现了这样一些咨询师，他们宣称，坚持"真实性"是摧毁一个人职业生涯的方式，因为这样，他便不会让自己适应来自他人的职业要求。这类咨询师是什么样的人啊？他们的看法不可能成立，因为 "真实"这个概念如今已经包含了三个实际上彼此矛盾的方面。布罗德梅克尔[①]将这三个方面称作有意识地真实表现、上台表演、衡量效果。原则上说，这意味着人们应当根据实际情况，将"真实性"各方面的潜能发挥、表现出来，而这并不会影响到自己的真实性。

"……"此外，还需要一致性

　　我认为，目前在哪里都能听到关于领导者"真实性"的要求，实际上太肤浅了。我们真正需要

---

　　① 来源文章：《经理何时是真实的？》（*Wann sind Manager echt?*），作者斯文·布罗德梅克尔（Sven Brodmerkel），详见文献清单。

的领导者要以自己的价值观行事，并感受到价值观和行动之间的内在联系。这种内在联系可以被称作"一致性"。如果领导者能做到以下两点，那他的行动便有了一致性：

1. 一贯坚持以（摆在明面上的）价值体系为基础展开行动。

2. 坚持负责任的、坚定的态度。

这样的领导者会散发出可靠的、值得信赖的气质。如果领导者不可靠、不值得信任，那他最多只能拥有服从者（即不是出于自己意愿，只是被动服从的人），而不可能拥有追随者（出于自己内心的信念而追随他的人）。这样的领导者不值得别人信任，他不觉得"可靠"是下属期待在他身上看到的品质。要让自己变得可信，保持坚定的态度是一条基本的美德。见风使舵的人，终会被风吹走。坚定的态度还会帮助领导者制定大家都必须遵守的游戏规则。

规则和坚定的态度在组织工作中是不可或缺的。违反规则的行为必须要付出代价，而一个行为是否违反规则，则要依照组织中所有成员共有

让道德观念成为始终如一的规则

的基础价值观确定，基础价值观是一个组织（例如你的公司或者销售部）所认可的道德观念。所以，一个真实的领导者还要出色地做到下面几点：

1. 领导者要清楚自己的价值观、信念和信仰。

2. 领导者要将心中所想落实到行动上。

3. 在理想的情况下，领导者要将自己的价值观、信念和信仰与自己所在企业的价值观相接轨。如果总是逆着自己内心的信念行动，便总是处在和自己斗争的状态中。这会让自己的动力、热情和对成就的渴望消失，早晚会在众人面前失去自己的公信力。

你的领导行为什么时候是真实的、有责任感的？答案是：当你自己和旁人都这么认为的时候。你自己可以借助内心的价值观和信念评判，自己的行为什么时候是真实的，什么时候是做作的，而外人或者你的下属却不能，因为他们并不真正完全了解你的道德观念。他们能评价的，只是你的行为是否一直都以公司的价值观为准绳。如果是这样，你将会显得真实、可信。绝大多数人会认为，别人一定会觉得其行为是真实的，且前后

一致的，他们自己也会这么评价自己。然而，自
我感受和他人感受之间往往存在着偏差。

　　只有你知道自己内心是怎么想的。下面这个　　你是真实的吗？
练习可以帮助你将自我感受和他人感受进行对比，
特别是当你的公司或者你的管理团队没有针对以
下这些方面开展制度化的、360 度全方位反馈分
析时。

练习：将自我感受和他人感受进行对比

　　我的建议：将那些无聊的"泛泛而谈"转化
成具体的观点描述。

　　请针对以下几个方面，从他人（比如你的顾
问、与你关系好的人、值得信任的同事等）那里，
获得尽可能详细的反馈：

　　1. 你在公司系统中、在生意中，以及在生活
中的外在影响力如何（这里仅涉及客观的描述，
而不是评价）？

　　2. 关于你的价值观体系，他们有哪些猜测？

（是的，仅仅是猜测，因为他人无法做到更多）
猜测应针对以下问题：你真正的动力是什么？哪
些信念对你来说是重要的？

　　3. 他们认为你的实际行动和这些价值要素是
否符合？

　　现在你就要对比一下来自自己和他人的感受。
　　如果你找到了一组靠谱的人，即那些尝试着
以诚实、正直的态度做反馈，而不是因为好奇而
去伤害你或者想讨好你的人，那么这次对比的结
果肯定会让你感到疼痛。但这种疼痛是治愈性的！
我向你保证，你将获得新的认识！你不仅会认识
到自己所"服从"的价值体系究竟是什么样的，
还能了解到你的行为究竟与自己的内心多么相符。
而最终的结果一定是你的进步，只有与内心一致
的行动才会受到关注，才会显得清晰透明，并为
你带来成功。

与外界相符的价值观更容易让人表里一致

表里一致的行为是以强大的价值体系为基础的，领导者践行的价值体系应当和公司的价值体系相符。理想的情况是，领导者的价值观也要和下属的大体相符（否则下属就会思考自己是否适合这份工作，长此以往，他们会感到不快）。在某些情况下，这样的价值观会被如此真实、坚定地贯彻下来，以至于它逐渐变成了整个行业的模范价值观。在描述不同寻常商业成就的书籍中，这样的价值观范例俯拾皆是，在此我只想举一个例子，即弗尔斯特（Förster）和克罗策（Kreuz）在 2009 年 4 月 7 日发表的一份值得推荐的业务通讯录中描述的案例。

与公司价值一致

美国在线商城 Zappos[①] 在创始人谢家华（Tony Hsieh）的领导下极力追求服务的价值，所以年销售额从起始时的 160 万美元扩张到 10 年后的数

① www.zappos.com/d/about-zappos-culture（2016 年 1 月）

十亿美元。Zappos 的服务准则是：365 天免运费
退货。鞋子的颜色你不喜欢？一年内你都可以把
鞋寄回来！这之后发生了什么？关于服务价值的
决策被真正坚持了下来，而客户则用忠诚和大量
的推荐感谢了 Zappos。类似的公司还有 Lands'
End①，你可能在德国也听说过它。这家在梅特拉
赫（Mettlach）开设了分部的公司总会接收所有已
售出的商品（即使购买行为发生在多年之前），
但它的客户从来不会滥用这项服务，而是将这种
"终生保障承诺"作为一种切身感受到的、真实的、
出色的价值观来珍爱。

举例

体现在 Zappos 企业文化中的，不仅仅是刚才
提到的那一条价值准则，而是十条。它们是：

* 通过出色的服务让顾客大吃一惊。

* 欢迎并推动改变。

* 带着乐趣，并显得有一点疯狂。

* 有冒险精神、有创造力，对新生事物持开放

---

① www.landsend.de/de_DE/Unsere-Garantie/co/ks-
garantie.html（2016 年 1 月）

态度。

　　＊努力让自己不断成长、不断学习。

　　＊借助交流获得通畅的、真诚的客户关系。

　　＊营造团队精神和家庭般的氛围。

　　＊用少量付出获得大量收获。

　　＊保持热爱，并以目标为导向。

　　＊保持谦虚。

　　当然，以价值观为导向的规则在所有参与者面前越清晰，真实的、负责任的领导行为就会变得越简单，效率越高。所以时至今日，企业成员共同制定并书写企业价值要素备忘录，已经成为一项标准，因为我们需要从价值观准则中确立目标，而在这些目标中已经蕴含了获得成果的动力，这一点我们在下一章会介绍。

CHAPTER

管理法则3：追求正确的、有价值的目标

简明清晰的管理法则三：目标的清晰度将会带来长期的成就。

你需要这条法则是为了什么？	这条管理法则会帮助你搞清楚自己的目标。就像在领导班子中确立企业在经济层面上要达到的目标一样，作为领导者，你也必须要确定你的个人目标。
这条法则是由什么组成的？哪些能力是最关键的？	清晰度、正直、以目标为导向，带着约定的目标实施领导行为。
你如何提升这些能力？	你将学会从"怎么做"的角度入手分析问题，而不是"做什么"。

让目标在每一位参与者眼中都显得清晰，这对领导者来说是一项高要求，同时也意味着高价值。然而就像我们看到的那样，领导是一项以价值为基础的工作，其他的一切最多只能算是经营和管理。

"正确的目标"是什么，通往目标的"正确道路"又是什么，这些总是由目标之上的那条涉及大方向的道德准则决定。这些价值准则一直都是情感的发动机，也永远都是基础并重要的。

让一切变得清晰

只有道德品质过关的领导者才可以发现并贯彻这些价值准则，领导者需要：

领导的不同层面

* 在自我领导方面起到榜样作用。

* 在对员工进行一对一直接领导时，即在与员工的单独谈话中，提出、解释并贯彻脚踏实地的、以人为本的决策。

* 在团队领导的层面上负起责任，确保通过真正的团队协作达到"1+1>2"的效果。

* 在企业领导的层面上要统揽全局。

清晰度需要专注和坦率

要做到这些，你必须将"清晰"看成一项技能，并不断发展这项技能。"清晰"意味着哪里让人觉得不舒服，就要盯住哪里。要正视那些藏污纳垢的地方。就像之前讲的那样，"清晰"的前提条件是"正念"，因为"清晰"是以感知为基础的（见第一章"自我反思"部分）。而"清晰"的另一个前提则是坦率。无论一件事情涉及的是个人价值观，还是企业的目标、对待下属的方式、自己对下属的看法，或是一些进程、挑战和主意，我们都要能说清楚事情是怎样的，以及我们要如何看待这件事情。下面的自我反思可以帮助你。

自我反思：让一切变得清晰

每天至少一次将视角从"什么"转移到"如何"上！

不要问自己"我对问题 A 或者员工 B 的看法是什么？"，而是"我是用什么方式看待问题 A 或者员工 B 的？"

不要问自己"我对完成既定目标 XY 的看法是什么？"，而是"我是在用何种心态看待目标的完成？我是如何看待完成目标的方法？"

关于"如何"的问题会带给你通往目标道路上所需要的清晰度。你应该问自己：我在思考的时候是抱着积极的态度，并将解决方案作为导向了吗？我在脑海中思考每个问题时，都不仅仅是在单纯的问题描述或类似的方面做文章，而是积极地走上解决问题的道路吗？

只有你没有用一些破坏性的习惯阻碍自己的思考时，才能触及自己真实的想法和潜力，并以负责任的方式，以价值观为导向展开行动。

设定目标会创造价值

　　一些研究表明，对价值观的重视程度（假设这里以"企业成长"为价值导向）、通过价值观设定的目标，以及最终达到的成果，这三者之间存在着明显的联系。例如德国自由职业者协会（Bundesverband der Selbstständigen e. V.）[1] 曾对遍布全德国的 802 家企业进行过调查，调查结果清晰地表明：企业成就越高（以企业的自我评价为标准），企业的目标定义就越清晰。其中82% "非常成功"的企业，以及 78% "成功"的企业都会为自己设立目标，而在那些"不成功"和"非常不成功"的企业中，拥有目标的比例仅分别为39% 和 54%。另外一项"游走"[2] 在专业文献之间、历时较长的研究项目，同样清晰地呈现了这样的结果：该调查的受访者为学生，在 1979 年接受调查时，他们的学业已经接近尾声，调查内容为职

---

　　[1] www.bds-gewerbevereine.de/v2/public/land/content. aspx? id=41d6d02a-1c35-4ceb-b90d-6c023c6f30be （2016 年 1月）

　　[2] 为什么说是"游走"？参见 www.gruendungswissen.at/gruendungswissen/blog-post/2011/04/04/die-harvardstudie/（2016 年 1 月）（译者注：链接中的文章作者曾表明，该项研究的真实性并没有得到广泛认可）。

业成就方面的目标。其中有 83% 的学生并没有目标，有 14% 的学生想象过自己的目标，然而只有 3% 的学生动笔写下了自己的目标。这些学生相当于是和自己签订了一份合同。10 年后的第二次调查结果则引人注目，前 83% 的受访者平均收入约 2000 美元，中间 14% 的受访者平均收入是前者的 3 倍，即 6000 美元，而最后 3% 的受访者收入则是最前面那些人的 10 倍，达到了 2 万美元。

为什么设定目标能让人成功

如果你能够完全相信自己所做的事情，那你就能以快乐的方式达到百分之百的成就，并完成自己的目标。只有这样，你才能点燃自己和他人的热情，才能在职业领域中、在公司里，以及在个人生活中卓尔不群。目标是一个神奇的东西，因为目标本身就是其实施的动力。目标承载着实现目标所需的能量，因为它会激励你收集、汇聚并付出全部的力量，但前提是你的目标是正确的，

渴望达到的目标会让你充满激情！

即有价值的。此外，你要对自己的目标有清晰的构想，并在内心最深处拥有那份完成目标的渴望，因为你的目标和你真正的期待是契合的。

练习：确定目标

企业家、销售部经理及企业中的领导者，为商业计划的下一个阶段设定企业目标，将需要完成的数值写下来，规定完成期限，监督并调整目标，都是必须要做到的。你现在要做的是，按照同样的方式为自己设立优秀领导者的个人目标。请回答下列问题。

1. 作为简明清晰的领导者，我的下一个目标是什么？

———————————————————

2. 我想在什么时间完成这个目标？请写下一个具体的日期——一个可以达到的，但又能体现你雄心壮志的日期。

———————————————————

3. 可以达到的阶段性目标有哪些？我要在什么时间达到这个／这些阶段性目标？

_____

4. 我具体要做什么才能达到自己的目标？

_____

5. 哪些阻碍我达成目标的事情，是我今后不能再做的？

_____

在这之后，请将自己完成目标及阶段性目标的期限添加到日历的定期提醒事项中，并在做"清空背包"的练习时（见第一章）考虑你的这些目标。

没有什么是比在内心将一张（含有未完成事项的）纸条标记为"已完成"，并不再进行必要的工作更加自欺欺人的事了。

备注：如果你目前为止还没有和员工定下笔头的目标协议，那你现在就该开始做这件事。只有以写下来的目标为基础，你才可以检测具体取得的进步和存在的亏空，并把握住下一步的行动。这会给你和你的员工一种能够获得客观反馈的良好感觉。

个人目标要与个人价值观相符

目标永远以价值观
为基础

简而言之，个人目标是以个人价值观为基础
的。如果你在工作或生活中制定了与你内心的价
值观并不相符的目标，那么你很难鼓足干劲实现
这些目标。或者你实现了目标，但不会对获得的
成果感到快乐。所以，"祝你心想事成"是一条
来自中国的古老祝福语，因为人们期待做到的，
和人们为了追随自己内心的道路、为了让自己的
生活符合内心的态度和价值观而真正应当做到的，
往往是不相符的。这一点我们联想之前介绍的法
则（真实、连贯的领导行为）就能明白了。

　　成果意味着完成正确的目标。而正确的目标，
则是与你个人的价值观相吻合的目标。

与团队共同完成目标：目标的约定

约定目标能带来清
晰度

刚才提到的只是"目标"这个话题的一个方面。
目标的清晰度还意味着以目标为导向领导员工。

彼得·F. 德鲁克（Peter F. Drucker）在 20 世纪 70
年代提出了带着约定的目标实施领导行为的观念。
虽然在这之后不断有新的管理体系和管理哲学被
讨论（我们在第七章会讲到一些），但德鲁克的
观念却被贯彻了下来，并至今依旧受到行业内外
的认可。

共同制定关于成果的目标

约定目标会帮助你和你的团队将工作调整到
企业战略的方向上，专注于最重要的事情，增强
创造力，系统地管控成果，并更好地协调合作。
约定目标是让工作成果更加出色的基础，因为只
有当每个人都明白别人期待他在哪个时间段内做
到什么时，他才能完成既定目标。

对于成果来说，约定目标的方式和方法是一
个重要的方面。这一点并不能通过从上到下的命
令完成，即明确地通知每个人，为了达成企业的
目标，他需要在什么时间之前完成相应的目标。
目标更应该以员工自身及企业的指导方针为方向，

共同确立目标

所以应该由员工和领导共同提出并敲定。这样的方式可以确定员工接受且支持既定的目标，并准备好为了完成目标而亲身投入。

通过交谈及约定目标，员工还能对自己承载的期待，以及对自己完成目标的过程中可以运用的方法有一个清晰认识。与此同时，他能够从更强烈的个人责任感及对决策过程的参与中获益，还可以与领导共同确定自己的职业发展方向。而这一切都会影响员工的动力、对公司和产品的认同感，以及员工的满意度。

当然也会有一些员工排斥这种领导方式。他们对约定目标这件事不仅仅持怀疑的态度，这源于他们对绩效压力增加、过高的要求，以及承担更大责任的恐惧，除此之外还有对失败的恐惧，尤其是当目标与奖金挂钩，而没有完成目标会面临经济损失的时候。

自我反思：约定目标

作为领导者，你还可以从一个边缘效应中获益：目标及目标的达成，是你衡量员工完成绩效的基础，至少是当目标能够被具体描述的时候。这听起来很简单，但却在实践过程中经常失败，原因便是目标过于浅显，太不精确。例如"更多的销售额"或者"赢得更多客户"这类描述就会让目标更容易迷惑人，而不是为我们确定方向。应该完成多少销售额？在哪个部分？在多长时间内？针对哪些客户群体？如果你不能在描述目标的阶段就明确回答这些问题，那么你会在将来失去公正评判员工业绩的基础。只有可以被衡量的内容，才能够被改进。

请精确地谈论定量目标

如今我们总是会谈到一点，即目标要遵循SMART原则：spezifisch（具体的）、messbar（可衡量的）、attraktiv（可达到的）、realistisch（可以证明和客观的）、terminiert（有时间期限）。你一定听过这条原则吧。

销售不局限于创造销售额

　　然而什么是可衡量（messbar）？我们以营销为例，因为营销涉及每个企业。它包括六个方面：哪些企业目标是可测量的，营业额的提升，销售量，客户的平均追加订购量，收益额，赢得的新客户数量。但尽管如此，事情并不是那么简单。仅仅通过阅读这些终端数据以及营业额衡量销售部员工的成果，是一种漫不经心的行为。因为这意味着销售部中的很多任务都会被搁置，因为它们在最终的评定中无法发挥作用。

　　i

　　背景知识：销售领域的量化目标

　　下面的例子都是销售领域中经典的量化目标：

　　＊订单数量及产品销售量（按照产品个数或价值计算）

　　＊规定时间段内的销售额

　　＊边际收益

　　＊拜访客户或联系客户的次数

＊来自老客户的追加订购及交叉订购

＊真正获得的新客户

＊被重新激活的老客户、未订购客户及"休眠客户"

＊一日内完成的工作量、最大工作负荷

过去的几年，企业开始约定越来越多的质性销售目标，而且这些目标会在员工考核中发挥作用。但我们该如何具体区分量化目标和质性目标呢？为什么后者变得越来越重要？

上面列出的那些量化目标有一个共同点：它们测量起来都比较简单。尽管如此，仅仅给出一个数字（例如"营业额增加30%"）是不够的。除此之外还要确立很多清晰的规则。例如确定要在哪个产品门类下实现营业额的提升，在多长时间内，通过哪些客户群体，员工在实现目标的过程中可以利用哪些资源，他可以在多大程度上迎合客户，以及他要注意哪些价值准则。

清晰的规则对应清晰的目标

为了能够真正地，即不仅从经济价值的层面

让成果变得可以测量

上，同时也从企业文化的层面上衡量成果，这些规则是必要的。否则就会存在员工为了完成销售数值或营业额目标，而不断提供折扣及特殊条款的风险。尽管员工完成了自己的销售目标，但如果售价无法与必要的边际利润相匹配，那么企业就必须要为此而付费，这在长期看来会威胁到企业。

其他的措施，例如送礼品或其他违反企业规则的行为，对企业也是弊大于利，因为这有悖于企业的价值准则和企业文化。无论在内部还是外部，这种违规行为不会让人察觉不到，并且会长期损害企业的形象。

然而，如果规则足够坚实，那么你就可以公平客观地评价员工的成绩了。你要确定员工是否完成了目标，还是仅仅差了一点儿，抑或完全没能接近目标的要求。如果这样，你要和员工一起搞清楚为什么偏差会这么大，并和员工约定培训等措施，以便支持他完成接下来几个月的目标。

让质性目标也变得可以测量

与质性相关的营销目标，要衡量起来就困难得多了，因为这里涉及的并不是赤裸裸的数字。质性目标的核心是诸多对整个销售团队、对整个企业有利的方面，质性目标会涉及知识传授和团队合作精神两方面，还有那些需要较长时间才能凝结出成果，但却对销售团队很重要的方面。

这些方面衍生出的任务属于员工的日常工作，它们是销售成果的基石。哪怕是很优秀但因是新来的销售员，也必须先要融入工作环境中，之后他还需要用客户利益论证帮助自己说服客户，以及产品介绍或者相应的销售材料，而这整套工作流程都是需要不断练习并提高的。

将完成这些任务（即帮助新人融入）的方式纳入对老员工的评价中，是公平的，但也是困难的。举个例子，每个人对"强化产品知识"这个目标的理解都不一样，所以在帮助新员工融入的时候花费的力气也就有多有少。所以，针对每个目标都要制定清晰的尺度。需要在新员工融入方

如何测量品质？

清晰的标准是最关键的……

面花费多少时间？新员工所有的问题都得到解答了吗？在融入期过后，销售部的老员工还需要帮助新员工解决问题吗？以及最重要的一点：新员工的确通过传授获得了他需要的知识了吗？他了解所有可以利用的销售渠道了吗？他会使用客户关系管理系统了吗？

i

背景知识：与质性相关的营销目标

下面的例子都是典型的"质性目标"：

* 让销售部员工参与培训和拓展教育，以及那些能让他们获得额外技能的课程

* 让新来的销售部员工融入工作

* 生成并优化销售材料（文字材料）

* 开发并加工产品介绍

* 针对某个产品进行客户利益论证

* 为"集客式营销"型员工制定电话营销的方针

* 制定赢得新客户的战略

　　* 进行针对市场和竞争对手的分析

　　* 观察竞争对手

　　* 引入、维护及优化客户关系管理系统

　　* 研究能够缩短（销售过程中）办公处理时间
的措施

　　* 研究能够简化投诉处理进程的措施

　　* 研究能够提升企业形象的措施

　　这些例子展现了一点，即使是质性目标，也
是可以衡量的。你需要做的和制定量化目标时要
做的一样，即确立清晰的评判标准。这需要来自
你的纪律约束。因为你必须在前期就确定自己究
竟期待员工做到什么，以及员工在完成任务的过
程中，在量和质两方面要考虑哪些层面。只有你
将这些都描述到位，你的员工才能拿出优秀的成果。
而你则获得了评价员工工作成果的稳定基础。

……对于公平的评价而言

对目标的描述要体现清晰度

　　下面的部分会清楚地讲述这一点。首先我想

用几个例子展示什么是描述清晰的目标。

目标的描述

目标的描述越具体，你的员工就越能明白你的期待，而你则可以从用来客观评价员工成绩的基准中受益。

下面给出了一些描述目标的好例子：

* 我期待你在今年 12 月 15 日之前将你的销售额提升 15%，为了完成这个目标，你可以使用如下资源……

* 我们去年在汽车领域不得不承受销售额的下降，所以我希望你在今年 12 月 15 日之前在这个领域赢得三个新客户。这些客户自身的年营业额必须达到 X 百万欧元，以及必须至少拥有 Y 个员工。你可以在我们的客户关系管理系统中找到潜在的客户……

* 我们的竞争对手 XX 已经在去年缩小了与我们的差距，所以我们要把产品介绍打造得更好。

我期待你能够审视并加工一遍我们现有的产品展示。请首先注意让我们的销售主张（USP）变得清晰，并且注意到XX客户群体，还有我们的产品展示要符合企业的形象设计。如果你还能额外注意到……那就太好了。

　　*我们要在今年加强我们的队伍。销售部要招进新的员工。我想把融入新员工的任务交给你和XX先生。请确保新员工在四周之内能够了解我们的产品和销售渠道，运用我们的客户关系管理系统，以及认识各部门中最重要的对话伙伴，并且能够首先独立完成一些小的销售任务。我当然很乐意收到来自你的中期报告——比如当员工觉得上手的困难超乎想象时。这样我们可以一起思考一下如何应对。

　　你可以通过一个相应的"测试"检验，新来的员工是否借助老员工的帮助掌握了必要的知识。如果你的期待没有被满足，那你就要好好探究一下：老员工究竟花了多大力气让新员工融入？问题出在哪里？新来的员工有没有给老员工传授知识的机会？老员工是否应该或必须跟你汇报一下情况？特别是当任务涉及人际关系层面时，对人的关照和谨慎的态度应该是评价的重点要素。

举例

将目标分解成小单元

很多企业会举办年度大会。在会议中，员工将得到反馈，新的年度目标将会被确定下来。但问题是，目标会在日复一日的工作中被淡化，不再有时效感。所以请将这些目标分解。比如，不要要求员工在一年内将销售额提升 2.4 万欧元，而是每个月都提升 2000 欧元。这时你要帮助他找出为了达到每个月的目标而需要运用的技巧，这些技巧关乎他自身、他的工作进程，以及他在销售谈话中进行的客户利益论证。

目标最多五个　优秀的领导者会注意到不让员工同时拥有五个以上需要追求的目标。太多的目标是不现实的。当然，定下的目标也不能彼此矛盾，它们涉及的领域要清晰透明。例如：

1. 经济方面的目标：比如（额度）明确的营业额提升或者对新领域的开发。

2. 与关照客户及提升服务品质相关的目标。

3. 合作方面的目标：比如更快的工作进程，以及更好的部门衔接。

4. 以团队为导向的目标：比如让新员工融入工作中。

5. 员工自己的、塑造个人风格的目标：这样的目标能够激励员工，如果员工达到了目标，他将能够借助自身的价值展现自我。

CHAPTER

管理法则4：训练你的决策力

简明清晰的管理法则四：快乐和成就，是对用勇气克服困难的奖赏。

你需要这条法则是为了什么？	做决定需要勇气，因为每个决定在事后看来都会是正确或者错误的，而我们在做决定时却总是要以并不充足的事实信息为基础。可如果我们训练自己的"决策基因"，就可以利用五条隐藏在决策背后的要素来帮助自己。
这条法则是由什么组成的？哪些能力是最关键的？	乐于做决定、面对风险的决心、风险管理、主动权、实用主义、愿意承担责任。
你如何提升这些能力？	您将了解"行动者的宣言"，并练习分析五条（隐藏在决定背后的）要素。

做决定需要勇气，因为你可能要遭受负面结果的威胁。但只有这样，你才可能获得那份卓越领导所带来的幸福感。幸福感是在你克服了忧虑和不确定性之后到来的奖赏，而成就则是对做出了可能正确决定的奖励。为什么说是"可能"？因为我们不可能预先知道一个决定是否正确。

决策需要勇气

决策会将人们区分开来

尽管验证了所有的事实信息，尽管罗列了所有的正反观点，尽管借助了直觉，拿出决定始终都需要勇气。"拿出"决定，本身就意味着自己要失去一些东西。做出的决定是否正确，只有事后才能得知。我们经常要在信息不足的时候预估

决策也意味着失去

风险，得出结论。奥地利讽刺作家和剧作家卡尔·克劳斯（Karl Kraus）曾经针对这种内在的矛盾做了一个经典的总结："弱者的怀疑出现在决定前，而强者的则在决定后。"这之间的差别便是强者会做出决定。

行动者还是牺牲者？

正是这一点将人们分成两派：积极的创造者和倾向于被动接受的"牺牲者"。一个强大的领导者拥有做出正确决定所需的正确动机，而这个动机是以对众人幸福的责任感为基础的。"为什么经历这些的总是我？""为什么某人做某事的时候比我运气好？""什么时候我的生活才能步入正轨？""为什么别人总是比我顺利？"请原谅我说的话，这些都是懦弱的问题，都是典型的"牺牲者"爱提的问题。他们不去争辩、不去战斗、不会愤怒，而是任凭自己被摆布，却不会成为决策的拥有者。这样的人不会去做决定，而是由他人决定自己。

所以，直觉永远都是决策所需的勇气的一部分：谁能捕捉到自己的直觉，谁就能领导，这一点永远不变。无论是要领导那些跟随自己决定的

人，还是仅仅领导自己的生活，谁能捕捉到自己
的直觉，谁就是行动者。

练习：行动者的宣言

勇气是最关键的！不要让牺牲者的话语靠近
自己，而是要将这些变成行动者的宣言。要想做
到这一点，你永远都只需要以下三步：

1. 让自己清楚，面对某个情境或某个决策时，
有哪些问题虽然没被说出来，但却在你的脑子里
"飞来飞去"。将这些问题用笔记下来。

2. 看一看下面这些属于牺牲者的问题，例如：
"这怎么行？这根本办不到！""为什么经历这
些的总是我？""现在必须要做这件事的人为什
么是我？""这肯定行不通。""我怎么能做到？
根本不可能！"

3. 将这些牺牲者的问题转化成行动者的问题，
例如："为了达成目标，我还需要什么？""情
况就是这样，那我能在此基础上做些什么呢？""谁
可以在这时帮我呢？"

利用这些行动者的问题，你会让自己迅速进入一个充满能量和创造力的状态。

决策的基础

五个有助于决策的要素

每一个能帮助你达到既定目标的、成功的决策，都需要五个要素。决策者需要依靠它们支持自己，它们是：

1. 知识
2. 经验
3. 直觉
4. 责任
5. 实用主义

知识

"直升机式管理"

没有基本的知识储备和事实信息的决策者，就像一台马力强劲却没有搭配车身和轮胎的引擎。这类决策者能将能量注入系统，然而这个系统却无法利用这份能量开始工作。当然，有一些领导者（可惜）就是这样的做派，即常见的"直升机式管理"，或者被称作"门缝管理"。门开了，经理进来，尽管对目前的情形完全没有了解，但他还是做出了决策，然后便消失了。下属开始执行决策，两天后门又开了，经理又进来，修改了决策，然后便"起飞"了。所有的文件飘浮在直升机卷起的风尘中……

将那些能帮助我们达到目标的信息筛选出来，当然是每一个决定的基础。经理和领导者的问题往往不是信息过少，而是对信息进行筛选过少。专业的决策备忘录都会包括一个概览，其中囊括了与决策有关的事实和最新的数据，备忘录中的内容也会涉及不同的决策对未来产生的影响。这些信息呈现了不同的场景，而这会帮助领导者在很短的时间内一眼就能看透目前的客观情形。

优质的筛选有助于决策

经验

现在轮到经验登场了。在成长为领导者的道路上，每个人都会做出无数个大大小小的决定（在

我们是经历了学习的顶级决策者

生活中也是如此）。就像每种行动一样，通过不断的重复，我们的决策能力也会不断发展。马尔科姆·格拉德威尔（Malcolm Gladwell）等专家目前认为，为了真正成为某个领域的大师，一个人需要投入1万个小时的训练时间。[①]这么来看的话，我们所有人都是天生的已经成长起来的顶级决策者！因为每个小时我们都会做出很多小的决定，而它们都会被写入我们的"经验清单"中。当然，我们需要了解这些经验，以便我们在做出新的（重大的）决定时可以用上它们。从具体层面上来说，我们需要在做出每个重大决定时，有意识地回想起已经做过决定的结果，并将这些结果纳入整体考虑的范畴中。

直觉

经验会浓缩成直觉　　"经验"这个要素还有一个更深的层次：直觉。经验是由你过去得出并积累的教训组成的，这些

---

① 参见: www.karrierebibel.de/10000-stunden-regel/（2016年1月）

教训会为你展示出，你从截至目前做出的决定以及运用过的决策模式中都学到了什么。这些教训会浓缩成直觉，直觉意味着没有下意识运用理智而做出的举动。

为了做出正确的决定，我们一方面要让自己潜意识中的经验宝藏重见天日，这么做的目的是为了创造出对比的空间；另一方面我们要摆脱那些由经验生成的、对我们有害的决策模式。如果总是做同样的事，那我们总会得到同样的结果。我们要审视自己，要看到有哪些决定是从我们自身的行为模式和决策模式中产生的，并审视这些模式是否会妨碍我们，或者对我们有害。如果是这样，我们必须要瓦解这些模式。

责任和实用主义

"责任"这个因素的意义是显而易见的。作为领导者，我们当然会考虑决策的范围，这里指的不仅仅是可能达到的成果，还包括对我们自己和他人的影响幅度有多大。没有什么决策权是和

人们何时才能对决策有足够的了解呢？

个人及社会责任无关的。我甚至会说：我们可以将决定委托下去，但责任不可以。

分析到瘫痪　　如果你想从事领导工作，那责任就会伴随着你。每一个对某人或某事有利的决策，都同样会是一个对某人或某事不利的决策。责任像下棋一样，提前很多步就预料到可能的影响，并以盈利为导向，以及从道德的角度思考并衡量产生的利弊，权衡那些在"可持续发展"这个话题中讨论过的方面：经济性、环保性、社会性。最后剩下的因素就是实用主义了。按照百科全书上的解释，"实用主义"意味着"为效益服务"。当我们看到了风险和各种情况，同时也看清了利益的时候，我们就要行动了。"pragmatismus"（实用主义）这个词来源于希腊语的"pragma"（即"行动"），这绝非毫无缘由。我们也可能因为考虑、衡量、犹豫得太久，而最终"分析到瘫痪为止"（Paralyse durch analyse）。而行动者则会行动，他们会在行动的时候鼓足勇气，手脚并用！

练习：利用五个因素进行分析

如果做某个决定对你来说很困难，那么你可以利用下面五个因素分析每一种选项。

1. 知识

我现在拥有哪些信息？将这些信息总结在一张正反对比清单中。

2. 经验

我在类似的情境中做出过什么样的决定？以什么为基础？获得了什么样的结果？我从中学到了什么？

3. 直觉

我的直觉如何？我内心的"内政部长"是怎么说的？（如果有必要的话，请回顾第一章的练习。）

4. 责任

这个决定将会给谁带来什么样的后果？在最好和最坏的情况下会发生什么？

5. 实用主义

如果我想要或者必须要做决定，那么我会以

做起来最快捷、最简单的事情为基础，按照实用主义的方针行动。我会将之前四个阶段的分析成果利用起来，并做出决定。什么都不决定，其实也是一种决定。而绝对安全的决定是不存在的。

如果你在做一个重大决定前犹豫的话，这个练习将是一个非常有效的工具。你马上就能得到结果，并确信自己的决定已经顾及到了所有的方面。

CHAPTER

管理法则5：将员工放在行动的中心

简明清晰的管理法则五：

人是领导行为的核心。

你需要这条法则是为了什么？	如果做正确的事情，并在行动的时候将人（无论是员工、求职者还是客户）置于中心的位置，那么物质和精神层面的成就都会随之而来。
这条法则是由什么组成的？哪些能力是最关键的？	对识人能力的开发、以人为本、以优点为导向的领导行为、对才能的促进、招聘。
你如何提升这些能力？	你将学习到与"招聘3.0"有关的七条道路，并专注于寻找态度和价值观都与企业相符的人才。

杰出的领导人才总会有很多让他们表现出众的特质，而其中最重要的特质之一便是，他们接受并尊重每一个人，并将他看成是独一无二的、无与伦比的个体，因为每个人都在做自己，都有自己的个性，并蕴含着很高的价值。这里谈到的价值首先是个体本身的价值，然后才是他可以被"开采"的价值。道理很简单，尊重价值，才能开发价值。而如果能看到员工的优点，那他就能更成功地衡量员工的价值。这一点可以具体诠释下面这条基本准则：如果做正确的事情（你应该还记得，这里"正确的事情"是以道德层面的价值观为基础），那么物质和精神上的成功都会随之而来。

员工不是你领导行为的工具，而是目标

不要将员工压缩到
"功能"范畴内

卓越的领导者会不会将他人（他们的同事、供货商、员工及客户）首先当成某个功能的承载者或者某个"待办事项"。"领导意味着要尽力让员工走在回家的路上时，能够拥有更加正直的心态。"——天主教本笃会的修士及管理学丛书作者安塞尔姆·格林（Anselm Grün）就是这么说的①。简明清晰的领导者看到的，首先是员工作为个人的属性。领导者在领导过程中关注的重心，应该是每个人的自我，以及每个人拥有的天赋和优点。

自我反思：对人的认知

这条建议会涉及你对他人的认知能力，以及

---

① 参见 www.wko.at/Content.Node/iv/DiWi45_46.pdf （2016年1月）

你所在企业的企业文化践行的方面。

请描述一下，哪些方面构成了你对一个人的认知。你在与他人合作及共处的过程中会相信什么？你的思考要触及自己内心的最深处，即那些隐藏着偏见的地方。（完成这项描述）听起来简单，却着实是一个挑战。

_____

_____

请现在描述一下，你觉得上面问题的答案在你企业的文化中有什么样的体现？你在企业中又经历了哪些认知他人的方式？

_____

_____

你的报酬：搞清楚这些问题，会帮助你表现得真实，并会让你的思维和行动保持一致。

让员工自愿成为你的追随者

优秀的领导者不会首先将自己的员工看成达到目标的手段。员工在他们眼中更是自己工作的目的，而不是工具。他们的原则是：

 "我想帮助员工达到的，比他们自认为能达到的更多。"这样，被领导者就会自愿成为领导的追随者。

自然、不做作的威信，能提供安全感

这种追随绝非那种对权威独裁的服从，而是基于领导者自身威信（详见第七条管理法则）、自愿追随。这种追随必须要存在，因为企业这样的集体需要规则和结构。你的任务是专注于企业的利益，并组织梳理这些利益。这样的话，你将达到一个优质的目标。这个目标是什么呢？——效率。效率最终会转化成经济上的效益。经济效益会带来物质和身体上的安全感，并为心灵层面的安全感（也可以称作归属感）搭建一个框架，而这是人类最原始的渴望。

人真的处于核心地位吗？

从这一点中，领导者和被领导者双方都能获益。问题的关键是：处在集团顶端的领导者有多优秀、道德有多高尚、经济方面有多高效、社会责任感有多强？他是如何看待他人的？简而言之，他在行动时是以人为本吗？

　　现如今，如果对领导者进行访问，那我们一定会觉得自己正处于"以人为本"的"黄金时期"。每当我在演讲、训练以及课程中针对"我的领导行为以人为中心"这条原则发问时，都会获得大量的赞同。很多领导者的确相信这是正确的态度，但现实却并非如此。过去被揭露的，但在未来还会持续下去的那些错误，恰恰证明了这一点：目前的生产过程及发展的压力，正在以飞快的速度增长，并演变成了私人目的。在快速市场及全球化浪潮中，以及在（包括但不限于）金融和信贷业务中出现的那些脱离现实的"突变"，已经背离了人类的初衷。在过去的几年，一些企业臭名昭著的间谍及调查行为，就是走在了人性的反面：被错误理解的"领导行为"并没有将员工当成人，而是首先当成了企业的寄生虫，以及企业价值创造方面的消极因素。

　　对于客户来说，事情亦是如此。一方面，客户作为"猎物"，针对他们的调查会延续到最后一秒、最后一条电子信息为止。然而这种调查却没有帮助厂家在产品、服务和报价方面有所提升。
除此之外，生产过程也完全忽视了客户作为人类
的理性。客户无法明白自己应该买些什么。他们
已经被那些最新的科技，那些全能的、带有MP3
播放功能和内置导航仪的"手机微波炉电视刮胡
刀"无助地抛在了身后；客户看起来比那些精明
的、他们值得购买的金融理财产品要愚蠢得多。
商家会为客户更快地提供各种更加光鲜但实质相
同的产品，从不间断。某些情况下，客户不再被
当成人看待，而是当成了挂着电子通信设备的奶
牛，当成了装着音乐收听许可证的会移动的钱包。
这里所缺少的，正是简明清晰的领导者所拥有的
一条古老的美德——尊重。

人成了移动的钱包

找到拥有正确价值观、合适的员工

招聘态度端正的员工，提供良好的培训

　　有句话说得好："招聘态度端正的员工，
提供良好的培训（Hiring for attitude, training for
skills.）。"如果你将员工招到公司中，是因为他

们拥有正确的心态和道德准则，那么员工的知识储备和硬实力都是可以训练出来的。但有一些要求、价值准则和态度，你没有办法灌输给新加入企业的员工。他们要么拥有这些品质，要么没有。他们要么能够理解这些要素，要么就不能，比如之前提到的"尊重"。如果新来的员工至少能够基本与你和企业的文化达成共识，那么他们便可以被继续塑造。作为领导者，你当然首先会问：我该如何找到这些具有潜在的、合适的员工，以及我在哪里能够找到他们。下面是这两个问题的答案。

简要的要求清单同样包含了所期待的价值观

"如何"意味着：在寻找员工之前，你首先要拥有一份要求清单。你未来的员工要完成哪些任务？要具备哪些知识？从个人、团队及企业的角度看，他将如何继续发展？在明天、在后天，还会有哪些要求出现在他面前？为了完成工作任务，他应该拥有哪些性格方面的特性？请设计出一个带有全部细节特征的"理想员工"，但也一

是员工，还是新朋友？

定要从现实出发。检验一下，你提出的这些要求，的确是该工作领域以及接受服务的客户所需要的吗？还是你暗地里期待着一个能和自己合得来的员工，以至于其他方面都被你抛到脑后了？

举例

列出一份要求清单

* 哪些专门的任务或领导类任务需要被完成？

* 哪些（专业）知识是这项工作必备的？

* 工作需要哪些能力？

* 除此之外，还有哪些因素是员工最好能满足的？有哪些价值要素是最重要的？

我们以销售工作为例，将上面这些问题过一遍，因为按照以往经验，销售部需要的员工是最多的，且人员流动是最频繁的。首先是工作任务和工作条件：我们要找的是擅长单兵作战的人，还是擅长团队作战的人？是那些擅长维系并发展老客户关系（即完成追加销售）的人，还是"狩猎者"类型的人，即擅长开发新客户的人？员工是要完成电话营销还是和客户面谈？员工将要为哪些客户服务？

从这些问题的答案中，我们可以总结出知识层面上的具体问题：

员工需要具备产品之外的其他特别的专业知识吗？例如制药、纺织、汽车、金融服务或零售领域的行业知识是必需的吗？如果需要的话，那么员工的知识要掌握得多牢固呢？语言技能需要吗？或者对英国、法国、中国等地市场的了解？跨文化交际能力呢？你对职位要求的叙述方式，应该让要求与岗位完美契合，并注意以完整的、有针对性的方式描述那些必须满足的要求。

之后你要衡量一下，哪些条件是应聘者必须要满足的，而哪些条件是他们最好能满足的，但并不是一定要具备的。

当条件涉及应聘者的个人能力时，下面这些问题可以帮助你做出衡量。

1. 为了完成这项任务，应聘者必须要具备哪些条件？

2. 如果应聘者不具备某项技能，那么障碍会有多大？

　　3.他可以学会并掌握这项技能吗？

　　另一方面，"在哪里"意味着：在"招聘3.0"的框架下，为了拥有更大的可能性招聘到适合自身、企业及相应价值观的员工，我有哪些路可以走？

招贤纳士的七条道路

招兵买马的建议　　我和我的客户通过综合下面的七种方法，在招聘时收获了愉快的经历。在这里我只能简要介绍这七种方法【在我的《营销领导》（*Führung im Vertrieb*）一书中对此有更详细介绍】：

　　1.自己团队的推荐。

　　2.网络：在线职场。

　　3.社交媒体。

　　4.建立雇主品牌。

　　5.将客户变成信息的传播者及信息源。

　　6.通过内部和外部的直接问询、活动、中间人及猎头。

7. 其他方法及偶然事件。

1. 推荐——用上这座坚实的桥梁

你应该通过自己的团队寻找未来的员工，因为你的团队认识优秀的人。没有谁比你的团队更清楚，谁特别擅长自己的工作，谁能被自己的工作和产品点燃激情，谁正在寻找工作，或者已经准备好在合适的条件下更换雇主。

让员工出谋划策

能让这种推荐卓有成效，你的团队应该知道你究竟在找什么样的人。请告诉你的团队成员，目前有哪些岗位需要员工，你理想中的员工应该有哪些出色的地方，他们应该带来什么样的知识和态度——也许在团队成员的老同事、老同学中，或者在他们个人的社交网络中存在符合你期待的人。

个人之间的推荐还有一个独特的魅力：没有人愿意悄悄塞给你一副懒骨头，因为最终出主意的人会陷入风险之中：他今后可能会与自己推荐

员工的建议应当获得酬劳

的人共事，或者为自己的坏主意买单。除此之外，个人之间的推荐是一座坚实的桥梁：如果你向潜在员工（求职者）提到了来自他人的推荐，那么你的话在求职者耳中则会完全不同。求职者会有种受宠若惊的感觉，所以不会不听你说完就关上大门。通过个人推荐寻找潜在员工，会让你节省时间和金钱。请报答那些为你出主意的人，为他提供一份与未来员工薪资挂钩的奖金。你可以首先给他一小份奖金，感谢建立的联络，在签订工作合同后再提高奖金的份额；如果新员工在试用期之后还能留在企业，那你再为他提供一份额外的奖金。请在开始阶段就明确说明，哪些奖金会在哪些时间给出，这样你就会让自己的工作变得透明。

2. 让在线职场取代日报

未来的员工在网上等你

　　过去的日报和专业类报刊中那些传统的招聘广告，今天都变成了在线职场中的搜索条目。和印刷品相比，在线职场更加经济，波及面也更广——仅仅这一点就已经对你十分有利。除了那些知名的大网站之外，还有很多小的、地区性的或专注于某个领域的招聘网站。当然，在今天这个全球化3.0时代中，这些网站一定会为求职者提供在线求职或邮件求职的机会。你可以从在线职场中主动搜寻（未来的）员工。以潜在求职者的身份在网站上注册的人，一定会存储自己的职业资质、履历、求职意向等信息，并对企业开放这些信息。所以你不用再等着别人主动找你求职，你可以主动和求职者攀谈。最新的在线职场会自动将求职者的价值观和态度与企业相匹配，而这对你来说，是一个很重要，也很实用的优势。

3. 职业网络——社交媒体

在线职场的一个缺点是：只有主动求职的人，或者很坚定地要在未来几个月换一份工作的人，才会在这里留下自己的资料。而那些能出色完成自己的工作却不积极寻找下家的人呢？他们也许

通过社交媒体进行直接的交谈

对新工作持开放态度，但却没有在职场上四处看看的动机。这些人对你来说也绝非无法触及。即使他们还在为你的竞争对手工作，你也可以为他们提起空缺的职位。即使对方拒绝，你至少也让自己的公司作为雇主引起对方的注意。谁知道呢，也许过上两三个月，情况就完全不一样了，也许对方会主动联系你。

让别人能在 Facebook 上找到你

　　社交媒体当然也可以用来推荐你的公司，以及公司提供的职业机会。但在通过社交媒体与他人交谈时，请注意联络的方式。如果你直接在对方的私人界面上发言的话，对方可能会有一种被跟踪的感觉。如果你的公司拥有招聘界面，而谈话是通过这个界面而开始的，那情况就完全不一样了。作为第一步，你可以首先参与留言评论，之后再"顺便"提出交谈的请求。

4. 雇主品牌——认同是一个强大的动力

成为有魅力的雇主

　　奥迪、宝马、保时捷、谷歌、苹果——这些不仅是响当当的名字、优质的品牌，还在 2015 年"毕业

生倾向晴雨表"（trendence graduate barometer）^①
调查中，成为最受学生以及经济学专家青睐的雇
主。我们都知道它们坚守着哪些价值准则，并为
我们展现了什么样的生活态度。我们也看到了与
这些品牌及其产品打交道的人，他们的朋友、亲戚、
同事和客户是如何看待他们的。这些品牌拥有正
能量，让它们成为有吸引力、令人尊重的雇主。
他们对潜在雇员的吸引力，不仅来自自身产品的
魅力，还来自企业形象——作为雇主，它们通过
对待服务商、供货商、邻家公司及相关当局的态度，
通过对环保的贡献，以及通过对社会活动的参与，
扮演了"有责任感的臣民"的角色。这些要素不
仅在企业战略和企业哲学中被确立下来，同样也
在企业的每一个经营领域、每一个部门，以及每
一个员工身上得以体现。

　　雇主品牌不是礼物，而是艰苦的工作。德国雇
主品牌学会（Deutsche Employer Branding Akademie）
是如此定义雇主品牌的：作为值得信赖的、有

魅力是以价值观为
基础的

---

① www.trendence.com/unternehmen/rankings/germany.html
（2016 年 1 月）

吸引力的雇主，作为"首选雇主"（employer of choice）^①，企业借助雇主品牌获得了以认同感为基础的、在企业内外都有效力的发展和定位。在与雇员及潜在雇员交谈时，职业前景、专业上的要求、安全感、薪酬，以及关于业余时间、家庭和职业的可协调性等因素都会起到关键作用。然而，企业在客户、供货商和员工心目中的形象同样也是决定性的。当然还有企业展现出的价值准则，因为我们可以确定一点：企业的核心一定是由价值要素组成的。就像已经讲过的那样，价值要素是获得认同的前提。

为什么呢？我们每一个人都希望能认可自己在做的事。换句话说，官僚主义者肯定不愿意在宜家（IKEA）这样的企业求职，也没有哪个对前瞻和实验感兴趣的人愿意从事税务顾问的工作。

行动者还是思考者？　雇主品牌为人们细致地展示了什么样的员工是适合的，什么样的行为是受欢迎的，什么样的能力是需要的，以及适合团队的是钟爱数据的人

---

① www.employerbranding.org/employerbranding.php（2016年1月）

还是有前瞻眼光的人，是行动者还是思考者。这样，人员招聘就会变得更加有效率，错误招聘的风险及招聘的成本都会降低。长期来看，企业的价值都会得到提升。

雇主品牌——让你不会迷惑

为了能说服你梦想中的员工，你作为雇主必须要有吸引力，并通过独特的亮点与其他竞争对手有所不同。为你工作，一定要有与众不同的感觉——不仅仅是在工作开始的阶段，而是五年、十年，甚至更久之后亦是如此。

所以，你要借助人事部和市场部的协助，有针对性地建立雇主品牌，并对自己的雇主品牌做出定义。下列问题可以为你提供帮助：

1. 你作为雇主是如何自我定位的？你的雇主价值主张（employer value proposition）是什么？你在价值及价值观方面的承诺是什么？

2. 作为雇主，哪些独一无二的特征是对你有利的？

3. 你如何能证明这些？哪些论据和文献引用能够证明你的说法？

为了能够与潜在的求职者交谈，我们可以借助这些问题，开展有针对性的措施。企业的职业规划网页、社交媒体上的行动，以及展会中露面等，都属于这类措施。

每一个求职者都会不由自主地在求职期间将企业作为（潜在）雇主给自己留下的印象，与自己积累的经验进行对比。而这时你作为领导者，自身的榜样作用就会发挥影响，你必须要践行企业哲学及雇主品牌的思想。你要表现得真实，并专注于自己坚定支持的价值准则和获得的信息。

5. 将客户和供货商当作积极的推荐者

客户会帮您寻找

这一点看似不言自明，实际上却极少被用到。客户（客户公司）和供货商经常会分享市场和行业信息，以及你公司的价值观。他们喜欢推荐那些已经开始参与应聘或者想换一份工作的求职者，以及他们通过其他关系而认识的人。所以，你可以平静、直接地询问他们：你愿意促成身边的哪些人同我合作呢？谁是最适合这份工作的人？

6. 内部和外部的直接问询

你是一位优秀的观察者吗？如果是的话，那你最适合在结识一个有趣的求职者之后，直接开始和他攀谈。是的，如果你将注意力放在扩建公司的第二层级和第三层级上，以及用稳定的导向方式推动后备人才发展，并挖掘他们的才干，那么这种攀谈也可能在自己的公司内部发生。这时你需要下面这项技能：直接与他人交谈，并将他们的注意力聚焦到你本人和你的计划项目上。在公司外部的攀谈可能发生在餐厅里，或者在自己的朋友圈之中，就如同在展会和社交媒体中的商务洽谈一样。作为"领导3.0"，你绝不是一个人在战斗，而是一直行走在寻找合适的、拥有正确价值观和态度的员工这条道路上。

为了能让这种直接问询成功，你首先要观察

以"最个人"的方式寻找

先观察，再搭话

对方。哪些论点能够让他信服？对方有哪些动机？请注意在交谈初始阶段营造一个积极的开端。下面这些措辞会对你有帮助。

"你引起了我的注意……"

"你的能力让我能够想象到……"

"你是如此有亲和力，又如此有资历……"

"让你的能力和我的知识相结合，并从中赢得更多，如果这一点对你来说可能的话，那你对此有多大兴趣呢？"

请以积极的方式提及对方的加入动机，例如收入的提升，以及职业发展方面的机会。但你必须保持明确、可信的态度，若没有实现诺言，迟早会"报复"你。

7. 求职聊天室、交流活动，以及偶然事件

到现场去接触潜在员工

面对面结识潜在的求职者，并与他们无拘无束地交谈——这便是"求职聊天室"和"求职者速配活动"的初衷。潜在的求职者和企业会在轻松的氛围中彼此相遇并交流。组织者组织这类活

动的目的，与数目众多的求职招聘会类似，但在招聘会中，谈话的气氛则要严肃很多。如果你能够利用这类活动，那你将拥有一个优势：也许你只能从纸面上读到求职者的业务能力，但却能亲身"感受"到他本人，以及他的愿望和价值。

以人为本

"人作为独特的个体，必须成为所有领导行为的核心。"——仅仅相信这一点是不够的。我们必须要将坚信的事运用到实践中才行！这包括寻找与你的信念相符的员工。柏林自由大学生物心理学家彼得·瓦施伯格（Peter Walschburge）曾在FAZjob.net网站上发表过如下观点：在实际行动中，你作为领导者，只有坚持以这种对你有支持作用的识人观念为导向，并懂得如何让员工的优点发挥出来，你才能成为员工及身边人的榜样。这样，你就可以帮助他人，即自己的员工找到自己的"生命轨迹"，让他们能从事自己最擅长的工作。

将坚信的事付诸实践

练习：分析自己的优势及榜样作用

作为能起到榜样作用的领导者，我们为了能够验证并发展自身的优势，已经在前面的章节中穿插了相关的自我反思和练习。利用下面这个练习，我想再一次将注意力放到我们的优势上。不断自我反省并追问自己，为了成为一个更优秀的榜样，我们做好了哪些事，哪些事还能做得更好，对我们中的大多数人来说绝非易事，因为这涉及很多方面。请为下面20个问题找到合适的答案。

1. 我在做什么？

2. 别人为什么付给我酬劳？

3. 什么让我觉得有趣？

4. 什么可以点燃我的激情？

5. 什么能给我带来成功？

6. 我做什么事比别人强？

7. 我在哪个领域是 No.1？

8. 我因为什么被别人夸赞？

9. 我因为什么而称赞自己？

10. 别人看重我的哪些方面？

11. 我看重自己的哪些方面？

12. 这些方面（以上两个问题的答案）和我的工作有什么关系？

13. 哪一件或哪些事是我真正热爱的？

14. 想到什么的时候，我会觉得自己充满活力？

15. 我喜欢自己哪些特点，以及哪些出众的品质，并因此而骄傲？

16. 我渴望贡献哪些独特的价值？

17. 我想为这个世界带来哪些特别的品质？

18. 我渴望为哪个类型的客户服务？

19. 我想以何种方式充满热情地为人们服务？

20. 哪些价值准则是我真正热爱的？

埃森哲管理咨询公司（Accenture）开展的一项题为"女性与榜样"的研究项目，曾调查过约250位事业成功的人士（包括男性和女性），其中，80%的受访者在自己的生活中拥有榜样。然而可

自己的企业中没有榜样吗？

惜的是，只有很少一部分人的榜样在自己的职场
中，或者说是自己工作岗位中的上司。那些最受
欢迎的性格品质、社会能力、交际能力，还有能
起到表率作用的生活方式及生活态度，受访者在
政治和经济领域中都看不到。

　　彼得·瓦施伯格（Peter Walschburge）也总结
出非常相似的结论。他在FAZjob.net网站上做出
过如下总结："魅力、智慧、解决问题的能力、
交际能力、体贴，以及符合道德的行动，这些价
值要素对于想成为榜样的领导者来说都很关键。
然而，商业领域的领导者中很少有人能够拥有这
些价值要素。"

让领导行为变得卓越并有意义

领导者要寻找新的
道路

　　我肯定不是唯一一个被目前这种不道德的商
业环境影响的人。你不是也同样受到困扰？在这
一点上，我们绝非个例：来自"下轮实践"公司
（Nextpractice GmbH）的一项关于劳动创新标准
的调查显示，80% 受访的领导者都对自己的领导

工作、对自己提出的要求，以及自身的能力不满意。

　　这当然是一种不良的状况，但这种状况会唤醒我们，并在企业中引发更多的思考：我们要怎么做才能改变这种状况？为了回答这个问题，我们要再次回到价值观这个话题上来。

　　信任、责任和真实性，哪个是领导过程中最重要的价值要素呢？绝大多数人应该会选择信任和责任，这也符合目前的调查结果。信任，或者说是可信度，在很多针对领导者的问卷调查中都属于道德方面最重要的价值要素之一，目前依然排在前三位。然而，由"价值委员会"和维滕/黑尔德克大学的莱因哈德·莫恩企业管理学院（Reinhard-Mohn-Institut der Universität Witten / Herdecke）最新组织的领导者调查显示[①]，在绝大多数领导者心中，有一项价值要素已经升到了首位，它就是"真实"。"真实"意味着按照自己的价值观和信仰生活。这样的态度会反映到对自己领导行为的要求上，必然会带领我们进入"领

真实性会创造威信

———————————

① www.wertekommission.de/events/fuehrungskrae-ftebefragung-2015/（2016年1月）

导 3.0"，即一种和自身及被领导者都保持协调的
领导文化。在理想的情况下，被领导者会愿意承
认领导者的权威，并允许领导者走在他们前面。

感受工作的意义　毫无疑问，这种以价值观为导向的、简明清
晰的领导原则，在 Y 世代，以及还在上学的 Z 世
代所处的时代中，是一种行之有效的管理模式。
这两代人并不是在命令的权威中成长起来的，而
是在选择、自愿、吸引力、魅力、自由的模式中
成长。他们会选择自己认为有价值的、有意义的、
值得相信的东西。这些年轻人将自己的能力、观
念和要求带入企业，并渴望做出成绩，承担责任。
也许不是所有年轻人，但他们中的大多数肯定是
这么想的。对他们来说，最重要的是找到工作的
意义。他们希望成为一项任务或一件大事中的一
部分。所以对他们来说，自身价值得到尊重是非
常重要的。而同样重要的是领导过程中的透明度，
即明确性和诚信度。

践行价值准则需要
确定立场　这种领导方式的结果，以及对领导者提出的
要求，听起来很简单，实际上却很难。企业和领
导者必须在未来付出更多的努力，以便将对价值

的尊重、开放性和交流沟通这三点，与好的结果、经济性及利益最大化结合起来。但最重要的是，领导者要铭记企业的价值观。具体来说，领导者要将对下属的要求在自己身上践行。"照自己所说的行动（Walk your Talk）！"是领导者应当铭记于心的格言。这一点听起来很单调，背后的要求却很高，并且对很多领导者来说都有困难，因为他们首先要确定自己、自己的部门和企业需要坚持什么样的价值观。他们必须在企业、员工和自己面前坚定立场，并表现得真实。

但如果你能够做到这一点，那么成为榜样对你来说就不会有什么障碍。拥有独特技能的"领导3.0"，会让自己领导的（年轻）人将你看作榜样，并跟随你的步伐。不是盲目地服从，而是自愿地、依照自己的信念跟随你，因为他们能感受到你对他们的重视，因为你的识人观念并不是以功能为导向，而是以人为本，并且你真正践行了自己的观念。

人们会自愿追随榜样

CHAPTER

管理法则6：做正确的事情，将事情做正确

简明清晰的管理法则六：优秀的管理是优秀领导的一部分。

你需要这条法则是为了什么？	领导为管理行为制定正确的方针，即工作导向、目标方向和效果范围；管理行为则要以正确的方式执行正确的方针。
这条法则是由什么组成的？哪些能力是最关键的？	实用性管理、应对复杂性、相信员工。
你如何提升这些能力？	你将从关于降低复杂度和关于实用性管理的自我反思中，以及一个关于制定优先级的练习中受益。

作为优秀的领导者，管理并优化工作进展和流程，当然也属于你的任务之一。这就是管理，它涉及组织工作和对事情的调整技巧、处理进程、委派任务和监督。

复杂性——优劣参半

在这个充满创造力的时代中，即数字化工业4.0时代，最主要的标志就是越来越庞大的信息量、新的观念模式、叠加效应、更加明显的驱动力，以及不断增加的复杂度。如果人们遵从控制论的基本原则，那么一个复杂的系统便可以通过同样复杂的措施加以管控。所以，降低复杂度这项常常被提到的要求，作为唯一的或者最主要的指导准则显然是不够的。

创新年代中不断增加的复杂性

简化问题的招数

但是与"简化"有关的主意，依旧可以给我们提供有价值的思考空间，让我们知道如何在企业中简化哪些方面，可以放弃或大幅度减少哪些内容。例如，两位咨询师迪特尔·布兰德斯（Dieter Brandes）和尼尔斯·布兰德斯（Nils Brandes）就曾经在《120次用简单代替复杂》（*120 Mal einfach statt komplex*）一书中提出过一些关于降低企业复杂度的极端建议。例如，废除预算而提出计划额度，以及解散整个监督部，取消奖励制度，大幅度缩减产品组合等［见该书"直接行动"（einfach machen）章节］。这些建议听起来肯定显得粗糙、尖锐，但对我们来说却不失为一个自我反思的起点。

自我反思：降低复杂度

为你的部门和项目做一次简化测试，将它们按照下列问题的顺序检查一遍：

1. 假如某部门消失了，或者被大幅度缩减，会发生什么？（请考虑你所有的部门）

2. 假如你无法再提供产品 A 或者服务 B，会发生什么？损失会有多大？反过来说，能在内部节省下多少资源？或者工作流程会变得简单吗？

3. 如果你直接将关于某个方面的某种会议全部取消，或者限制在 15 分钟内，会发生什么？

4. 想象一下，如果我们直接停止某个项目，是会蒙受损失还是获得利润？我们坚持完成某个项目，是不是仅仅因为它已经开始 / 已经被分配 / 被交付了？

5. 我们可以按照 90/10 原则（见下页）放弃哪些客户和工作？在测试时，请同样将那些得到你喜爱的客户考虑进来。

简单的系统更容易被看清。外部介入带来的系统间相互影响（看上去）会更小。这些系统更容易控制。然而，它们也会遇到瓶颈。只有当这些系统彼此之间出现差别的时候——简而言之，只有当它们变得更复杂的时候——它们才能继续成长、学习，才能发展。遗传学家卡斯滕·布莱什（Carsten Bresch）在其较早的一本书《经历中

简单的系统也会遇到瓶颈

间阶段》（*Zwischenstufe Leben*）中曾经描述道，
只有越来越复杂、不断融入并加工新信息的系统，
才能产生越来越强大的能力（期待中的产品）。
在管理过程中，正确处理复杂的事物是一项基本
的义务。这其中当然包括将一些高度自动化的部
分转移到子系统中，例如软件模块、数据库、调
节过（或认证过）的进程。领导者一定要将这类
事情做对。而有前瞻性的目标定义则能明确，为
了达成目标，必须要把哪些事情做对。

　　前瞻性的目光会确定什么是正确的，它会带
领人们前进。领导者要首先确定管理的意义。而
其他的一切，都属于过急的行动主义。

自我反思：实用性管理

　　我将"实用性管理"这个概念理解成一种能
力，即在固定的投入下，使效果最大化的能力。
这条法则就是著名的帕累托法则，也称为 80/20

法则。具体来说，我们80%的成果是在20%的时间中创造的。然而我却清晰地感觉到，这条法则目前正在朝着90/10的比例发展：通过你的10%（或者20%）的最重要客户，你完成了90%（或者80%）的营业额。通过针对最重要的项目10%（或者20%）的投入，你获得了90%（或者80%）的提高。所以，帕累托法则是管理行业中最简单的、最主要的成功法则之一，因为它处在过度调节、完美主义和厌恶感的反面。这条法则反过来说就是：你可以为了获得余下的那并不关键的10%或者20%，而投入巨大的资源！结论：这一点你可以放弃，它的所属单位是废纸篓。

在这个时代，经理的时间只有1/3是他可以自己掌控的，所以高效率已经成了经理的义务。实用性管理将让你能够专注于那些作用最显著的事情，并帮助你将企业管理方面的精力集中起来。

领导者要为管理行为设定效果范围

管理是将一件事以正确的方式完成，而领导则需要做正确的事！就像已经说过的那样：领导3.0对简明清晰的领导者来说，意味着运用这10条领导法则的组合，掌管工业4.0时代和新型工作时代（New Work）中越来越复杂的系统，以便实现有远见的目标。

事件背后最重要的部分

为了做到这点，你需要掌握一项技能：理解事情背后的关键因素，即一眼就看到最关键的内容，快速看穿复杂的事物，将获得的信息聚集成更高层次的决策单元。这里我们要再次提到第二条法则，即让事情越来越简单，重要性却不断提升的法则。你要做的，是通过直觉的协助整体看待一件事情。通过这样的方式，领导者为管理行为设定了效果范围，这个范围能够确保工作的效率和成果。

练习：确定优先级

你可能听说过艾森豪威尔法则（Eisenhower–Prinzip）[①]。该法则按照重要性和紧迫性确立各项任务的优先级，并用正确的方式对待每一个任务。斯蒂芬·R.柯维（Stephen R. Covey）以及其他很多管理培训师都曾经传授过这个简易的法则。它的核心是将所有待完成的任务分配到四个象限中。

A. 重要且紧急：

你应当立即亲自完成这项任务。

B. 重要但不紧急：

你要为这项任务确定一个完成期限，将它写入备忘录，并计划亲自完成这项任务。

C. 不重要但紧急：

你应当立即将这项任务分配给一个有能力的

[①] 参见 https://de.wikipedia.org/wiki/Eisenhower–Prinzip（2016 年 1 月）

员工。

D. 不重要也不紧急：

将这项任务直接扔进纸篓。

这个练习将会通过以下方式提高你的管理效率。

你首先要总结所有待完成的任务，并立即（"立即"意味着最多三分钟之内）将它们分配到 A、B、C、D 四个象限中。请始终记住，你希望通过这种任务分类节省 33% 的时间和预算。

关键问题：

你首先可以放弃哪些任务？

之后呢？

为什么？

你认识子系统中的专家吗？

好消息是，你为了学会驾驭复杂的系统，不仅可以利用自己重要的能力，这其中包括了你的技术知识、技能，以及你的社会能力和直觉；如果你的行为是正确的，你还会得到最好的帮手，即那些子系统中的专家支持，以便你能够完成领导目标。请在观察自己团队的时候牢牢记住：你身边到处都拥有子系统中的专家。然后，你会立即获得以下三点感受：第一，你的每一位员工都很重要，并且每位员工都必须重要。第二，你不能强迫别人从事他们不适合的工作，或者对他们来说已经显得太小的工作。第三，让合适的员工在正确的岗位上任职，并同他们一起开展正确的工作，以便能够依照规划、按照预定的时间收获成果，这一点是正确且重要的。

发现天赋——让强项更强——技能的传承

为了保证效率和成果，卓越的领导者会让自己的员工具备必要的能力。借助其自身的社交和情感能量，领导者会为员工或下属创造出一个空间，让其依靠对自己的责任感拓展自身的能力。其中一项重要的任务是领导者要认识到员工或下属的天赋和强项，并依照每个人的强项为其安排相应的任务，让他的强项更强。发展意味着让人

请提供足够的发展空间

隐藏着的潜能暴露出来。这是一件很难的事，也是一项重要的任务，而每个领导者都要不断检测自身是否完成了这项任务。你不能在这一点上显露出疲态！作为杰出的领导者，你在自控力方面也需要赢得别人的信任。

作为杰出的领导者，你要在这一点上比别人做得更多。你要给予员工所需要的东西，你要走在他们的前面，并为他们指明道路，但这条路他们必将自己走。作为管理者和领袖，上面这些对于你来说都不仅仅是空话。

领袖的领导原则不仅仅与优化管理流程有关，"领导"意味着帮助员工取得成就——为了所有人的利益。

为了让你的员工满意，为了让你自己满意，也为了让公司满意。

CHAPTER

管理法则 7：看重价值的
领导行为会更高效

简明清晰的管理法则七：
激发效率，获得成果。

你需要这条法则是为了什么？	让他人成功——这是卓越领导者的诀窍。这样的领导行为能够带来可量化、可质评的成果。通过交流，你可以在领导的过程中，让他人获得其能够获得的最佳成果。
这条法则是由什么组成的？哪些能力是最关键的？	威信、委派、领导交流、领导谈话。
你如何提升这些能力？	你将接触到不同的领导风格及领导模式，并反思自己的领导风格。你将接受关于领导谈话中"五大类谈话"(Big Five) 的训练。

前瞻性、真实性、可信性，以及带有示范作用的、与自己内心相符的行为方式——谁如果具备了这些品质，那别人一定会把他当作权威看待。艾瑞克·弗洛姆①曾经详细地谈到过一点②：在"有权势"和"有威信"之间存在着重要的差别。权势是政令赋予的，威信是自己赢得的。领导者的威信源于自己的性格特点。正是因为这些性格特点，所以员工可以说是心甘情愿地将领导自己的权利交给了领导者，这样的领导者就是权威。历史上有一些这样的例子，我在这里只想举一例说明，他就是2015年去世的西德前总理赫尔穆特·施密特③。1977年，

人们会跟随有威信的人

---

①　艾瑞克·弗洛姆（Erich Fromm, 1900—1980）：美籍德国犹太人。人本主义哲学家和精神分析心理学家。

②　具体参见：http://fromm-online.org/autoritaet/ （2016年1月）

③　赫尔穆特·施密特（Helmut Schmidt, 1918—2015），德国社会民主党（SPD）政治家，曾于1974年至1982年担任联邦德国（西德）总理。

恐怖分子将汉莎航空班机兰茨胡特号劫持到了
索马里首都摩加迪沙。他在与当时的总理府部
长汉斯·于尔根·维什涅夫斯基①针对解救事宜
进行交涉时，其领导行为便值得一提。或者更早
些，在1962年，汉堡市遭遇了一场毫无征兆的
给城市带来了毁灭性打击的洪水。他作为当时的
汉堡市负责警察事务的市政委员，安排了相关的
营救措施。除了那些需要解决的组织类问题外，
他还面临着其他方面的难题，但他表现得清醒、
果断、勇敢。当时的人们，就是跟随着这样一位
权威。

让他人成功——通向更高效率的道路

管理者和领袖（manager und leader）——这
两个称呼虽然不同，但在涉及人力资源方面的领

---

① 汉斯－于尔根·维什涅夫斯基（Hans-Jürgen Wischnewski，
1922—2005）：德国社会民主党（SPD）政治家，曾担任德国总
理府部长。

导时，我们常常会将二者通用。然而针对领导者，这两个称呼的确存在差别，因为它们所表达的含义不尽相同：它们对应的角色分别是"行动者"和"引导者"。卓越的领导行为意味着对他人进行开发，让员工成功，因为只有成功的员工才能让企业在科研、发展、生产、市场营销、控制及监管等方面取得成功。

然而，为什么"行动者"在这方面无法获得足够的成功，无法让成果得以扩展？因为他们不懂得委派任务。因为他们认为自己无可替代，并按照"我最好亲自上阵才能搞定"的方针行事。

这在绝大多数情况下是一种自我欺骗，具体体现在以下三个层面：

第一，真正的全才是非常少的，在商业领域亦是如此。

第二，他们的劳动力虽然无可置疑，但在企业工作中，他们将自己的力量耗费在了太多的地方，而没有集中在最关键的工作上。

第三，成果将变得无法扩展。如果为了能凡

事都干涉一下，而总是强调任务进程中的瓶颈因素，那他最终将会让所有的进程都变慢，变得没有效率，并让自己忙得要死。这么做对确立绩效目标（我们之前曾讲过这一点）也没什么帮助。

没有目标，便没有成果

正确的做法其实很简单：创造效率和业绩所需的基础条件，是拓展业绩（包括销售业绩）的前提。业绩永远都需要有序安排，这意味着领导者需要确定期待达到的成果，并与员工仔细探讨这些预计成果；领导者要以清晰，同时又有亲和力的方式与员工交流。但就是在这一点上，很多领导者都失败了。要么目标（即期待达到的成果）在质和量两方面都没有被正确地确立下来，要么目标无法调动员工的积极性。

为了达到目标，你需要合适的领导风格

以适合员工的方式领导

为了能够激励你的员工拿出最好的成绩，你必须要以教员和训练师的身份领导他们，并成为他们的榜样。如何才能以最佳的方式领导员工？这个问题是由很多不同的因素决定的，而

其中最重要的则是你的性格，以及被领导者的
性格类型。

　　领导模式会为领导者指明方向。如同系统性
思考一样，领导模式会帮助领导者进行自我反思。
下面将会介绍三个有代表性的领导模式（关于领
导风格，我们会在后面的章节讲到）。对于真实
的领导者来说，为了能够促进针对个人领导行为
的反思，熟悉这些领导模式总是有益处的。

　　人在领导员工的过程中会保持一种领导风格，
即自己最熟悉的，并确定是"唯一正确"的领导
风格。而"领导 3.0"，则会根据情境和员工确定
自己的领导行为：他们会根据具体情况选择自己
的领导风格。为了能够触及员工的内心，他们必
须掌握一系列领导风格。如果以同样的方式对待
所有人，那么他一定做不到公正。收获期待的成
果是最关键的事，严格遵循以结果为导向的方针，
才能让领导行为对公司卓有成效。"支持员工、
要求成果"——"支持"和"要求"必须要处在
一个平衡的关系中。

正确的领导风格是
由情景决定的

如果能做到让自己的团队有意义，给予团队信任，提升员工的能力，并创造动力（包括经济方面的动力），那他便有权力要求员工做到忠诚、有干劲，并为投身工作做好准备。

背景知识：领导模式

哈尔茨博格领导模式（Harzburger Führungs-modell）。这个模式诞生于1956年，它接替了之前的权利主义领导模式。哈尔茨博格领导模式的核心是将责任委派给员工，这么做的目的是让领导者从程序化的工作中解放出来。如今，这种核心思想在很多其他的领导模式中都有所体现。

这种领导模式的优势首先体现在（上下级之间）信息关系的清晰性、任务和行动领域的透明性，以及对员工独立性的促进上。这种模式涉及一个封闭的引导系统，这种引导系统容易操作，且适用面很广。

伦西斯·利克特[1]提出的群组概念（联系针/

---

[1] 伦西斯·利克特（Rensis Likert, 1903—1981）：美国教育家和组织心理学家。

联结销模式，Linking-Pin-Modell）：这个模式创建于 1961 年，该模式认为，每一名员工都在两个群组中工作，并分别扮演参与者和推动者的角色。这种方式将会改善企业内部的交流。然而该模式对人力资源的消耗很大，所以它对很多团队并没有什么吸引力。

圣加仑领导模式（St.Galler Führungs-modell）：该模式是由圣加仑经济学院的创始人汉斯·乌尔里希①及其学生提出的。它诞生于 1971 年，直至 2002 年还在不断地被完善。该模式遵循企业经济管理学理论中以系统为导向的方法，并由三个模型分支：1.标准化管理或标准化企业模型分支。该分支由环保、市场、职能部门、设计层方面，以及有重复性和有创新性的工作任务组成。2.战略管理分支。指的是从企业哲学出发，描述对目标的设想，并为了完成目标而确定相应的措施。而这些措施的实施效率将会得到监督。3.领导行为分支。这里涉及的是不同的领导层级、领导阶

---

① 汉斯·乌尔里希（Hans Ulrich，1919—1997）：瑞士经济学家。

段，以及领导功能的多维度结合。该模式提供了一个统一的概念体系，并易于实践。

为了让营销领域的行动更加精明，为了获得更多的销售额、更好的结果，以及让企业的未来更有价值，"领导3.0"绝对是一个重要的、有决定性的因素！

领导要因地制宜——不同的领导风格

不同的领导风格之间有着巨大的差异。例如，行政化的领导风格会将权力安排在结构层中，让规则、管理制度和框架条件决定工作进程，领导者是可以被替换的，他在工作进程中并没有什么权力。然而一旦需要做出快速改变（例如出现危机情况），一切则会变得很艰难。

合作式领导风格

相反，如果践行合作式的领导风格，则要注意，为了最终能够获得良好的结果，你要在一定的期限内尽量让全部，至少是绝大多数团队成员

团结起来，追逐共同目标。而合作式领导的风险
就在于此，尤其是面对新组建的团队时，要在团
队内部达成一致，可能需要花一些时间。融入新
的团队成员亦是如此，因为新成员的加入，会让
已经成形的团队规则在短时间内产生动荡。这时，
每个成员的角色都要被重新定义，每个人的优势
都要再一次被强调。

　　权威式领导风格则能够让领导者避开这种　　权威式领导风格
风险，但却让领导者陷入了做出更多错误决策的
风险，因为此时决策权只在一个人，即领导者手
中。权威式领导者会将信息视作权力工具，将"以
效率为导向"当成工作重心，不会为个人主动
性创造空间，并会接受员工的失望。这种风格
在紧急情况和危机情况中是行之有效的，比如
在消防员的工作中，或者在广义层面的"紧急
情况"下。

　　同样，情景式的领导风格也拥有了自己的一　　情景式领导风格
席之地。这种风格是以一种假设为基础的，即领
导者必须要依照员工个人的成熟度领导每个员工，
而员工的成熟度则与他的年龄、经验，以及作为

公司成员的时间有关。所以，刚刚加入的、有待融入工作环境的新员工需要详细引导（第一阶段）；而在第二阶段，则需要解释已有的决定，并充当领航员的角色，确保正确的前进方向；到了第三阶段，你的角色则会转变成"顾问"，处于"待命"状态，提供帮助，回答问题；而最后你将会仅仅以组织协调者的身份出现。

_i_

背景知识：领导风格

在"家长式领导风格"下，领导者的经验和地位会将其权力合法化。员工对领导的认可度，以及员工的动力，往往会比在专制者身边更强，因为"族长"（即领导者）绝大多数情况下会在团队中充当父亲的角色，并会在员工需要的时候出现。这一切对于女性"族长"，即女性领导者也是一样的。

如果领导者同时拥有魅力，那么他将成为榜样和领军人物，这就是人们常说的"魅力领导风格"。这种风格特别能激励被领导者，尤其是形势严峻的时候。

以上介绍的领导风格是由马克思·韦伯[1]提出的。

另一个著名的领导风格分类是由库尔特·勒温[2]（Kurt Lewin）创建的。他将领导风格分为目前已经很少出现的权威式风格、合作式风格及放任主义风格。最后一种风格很大程度上抛弃了领导者的干预行为。员工要自主地工作，根据自己的构想设定工作环境。作为领导者，你则要退到幕后。你将以非个人的形式与员工打交道，你的话语也会变得松弛、不再清晰。只有在你想要让事情自然发展，让员工积累经验的时候，这种风格才适用。由于缺乏反馈，这种领导行为也可能很快就会演变成员工的失望，所以它仅在较短的时段内适用。

在合作式风格下，领导者和员工则会紧密合

---

① 马克思·韦伯（Max Weber，1864—1920）：德国的政治经济学家、法学家、社会学家、哲学家，他被公认为现代社会学和公共行政学最重要的创始人之一。

② https://de.wikipedia.org/wiki/F%C3%BChrungsstil#F.C3.BChrungsstile_nach_Kurt_Lewin（2016年1月）

作，共同提出想法，并执行这些想法。员工将会承担一部分责任，他们的个人主动性会得到促进，创造力将会获得施展。

从这个层面来说，合作式风格最符合当今的价值准则：人都希望自己受到重视，以平等的方式得到指点，而员工亦是如此。如果感觉自己总是被高高在上的人指点纠正，他肯定很快就会找新的工作。

尽早让别人参与进来，这样做永远都有好处

我从过去整整30年积累的领导经验中学到了一点：尽早以透明的方式让身边的人参与到决策和进程中来，让他们"身处其中"，这很有好处。你需要这个局面，这会帮助每个人确定自己的责任。如果没有员工的赞同、认可、忠诚和追随，那么领导者便不会有领导的资格，不仅你没有，所有人都不会有。

领导的工具——五大类谈话

确立需要达到的成果（即员工期待的目标），针对成果展开交流，并将成果保持住——这些都是只有最少数领导者才能真正掌握的技能，但它们却是你最重要的义务。你真的出色地掌握了最关键的五大类谈话了吗？你知道的：领导者需要通过有说服力的榜样作用，但也需要不断通过话语领导他人。领导的本质是交流，所以谈话是你能用到的最重要的领导工具。

领导行为 = 交流

绝大多数领导者都和员工一样，对谈话抱有极大恐惧感。你应当做得更好！针对那些领导过程中需要开展的重要谈话，即所谓的"五大类谈话"，你应当训练自己，或者接受相关的培训。它们是：

1. 招聘谈话。

2. 员工谈话、半年期谈话、年度谈话。

3. 关于夸奖、赞赏的谈话。

4. 批评型谈话。

5. 离别谈话。

你的期望必须要公开

为了让员工能够完成自己背负的期待，员工必须要知道你具体期待他达到什么。员工需要你的反馈，衡量你是否对他的成绩满意，了解你在什么时候对他还有更高的期待，以及为了团队、为了企业，也是为了自己，他还能够或者说应该提升和继续开发自己的哪些方面。

……还要被清晰地描述出来

你面临的挑战是并非每个人都能正确地处理来自他人的批评和期待，所以同员工的谈话需要（领导者的）敏感度，以及与不同的人格类型交往的练习。此外还需要领导者自信力，以及以目标明确的方式、以结果为导向展开（批评）谈话的能力。领导者要能清晰地描述自己的期待，并像解释表扬和赞许那样解释批评的原因。

领导过程同样需要透明度

透明度带来清晰度

员工需要方向，他们必须知道自己承载着什么样的期待，以及自己取得的成绩会从哪些方面被衡量。这一切都需要透明度，这意味着清晰的、没有内在矛盾的领导行为，意味着容易理解的评判基准，而不是领导当天的心情。如果员工因为同样的成绩一次被表扬，一次被批评，那你就会失去员工的尊重，你的团队也会失去动力。

　　如果你毫无准备就开始与员工谈话，那这一切都会发生。你因为手头没有背景信息，想不起与员工约定的细节，所以只能跟着感觉做决定。也许你的期待已经随着某个项目的进程而改变，但你却没有及时地同他人交流，而在谈话时，你期待的营业额并没有被完成……有很多原因都能导致与员工的谈话失控，同时也有很多办法能够避免这一切发生，这其中最重要的一点便是准备工作。

没有什么领导谈话是不需要准备的

　　这对你来说意味着如果企业或部门中出现了变化，而这些变化涉及员工的工作岗位，那么员工必须能够及时得知相关信息，这里所说的变化包括工作任务的改变、任务的重新归类、工作地迁移，或出现解雇／辞职的情况。

　　谈话的进展如何，首先取决于领导者对谈话的控制权的掌握情况。你要引导谈话进程，即使

优秀的领导者在对话中同样是领导者

内心的情绪已经要沸腾了，你也要注意确保谈话的公平性和客观性。我们每个人都知道那些能让对方感受到攻击性的话语和语调，我们每个人也能感受到人们在这一刻捍卫自己的冲动。这两种情况均会对谈话的效果产生反作用，对领导者以及对员工和团队而言都是如此。

针对员工谈话的准备工作，最重要的方面之一便是将那些修辞方面的规则牢记于心。借助这些规则，你可以避免让谈话伙伴产生误会，及时感知到气氛的变化，并以目标为导向控制谈话的进程。

正确地准备与员工的谈话——你可以这么做

请主导谈话……

借助以下五个要素，你可以在说出第一句话之前就通过自己的准备工作，对谈话及谈话进程施加决定性影响。

……在一个合适的
场所……

1. **选择谈话地点**：如果你让员工来你的办公室，那么很明显，这次谈话将打上"官方"的烙印。如果谈话地点是员工的办公室，那你便处在员工的"领地"中。对员工来说，这里是他更熟悉、更有安全感的地方，而这会增强他的自信。你们也可以在餐厅或咖啡厅里见面。在一块"中立场地"上，很多复杂的话题都可以用简单的方式讨论，因为谈话时员工将与你"平起平坐"。

2. 选择谈话时间： 你想表扬或赞许员工吗？那你应该将谈话时间安排到上午。这样，你的员工会在工作时，但也会在下班之后，将从谈话中获得的动力转化成自身的能量。而如果谈话的主题很严肃，例如批评甚至解雇，那么你最好为这类谈话腾出晚上的时间，因为这将避免员工一整天都笼罩在沮丧中，甚至可能在团队内部引发躁动和不安。

……在一个合适的时间……

3. 就座的位置： 你应当注意在交谈时使用90度角的就座方式。因为通过这个角度，你可以看到员工都记录了些什么，而员工同样可以看到你的笔记，这样的就座方式适合于交谈。只有员工按照谈话的精神行动，你的谈话最终才是成功的，而卓有成效的交流是成功的前提。交流需要融洽的关系，通过这种就座的方式，你可以迅速与对

……以平等的就座方式……

方建立良好的关系。

……带着友好的手势……

4. 肢体语言：我们要注意重复对方的肢体语言，通过这种重复，相互理解的感觉会在不经意间产生，而这种感觉会提升我们被对方理解的程度。这个过程也被称作"同步"（pacing）。主动变化（肢体语言）的人，会掌握领导权。而如果在变化之后，"同步"再次出现，那么谈话双方在对话中的角色就显而易见了。请注意"同步"对方的肢体语言。特别是在艰难的谈话情境中，这一点尤其关键。

……以及尊重

5. 积极的信号：为了表达出你的信任，你应当使用握手、目光交流等积极信号，并发现谈话伙伴释放出的积极信号，以及谈话环境中的积极因素。请创造出这样一个积极的谈话氛围。

你应当在每次谈话前都考虑这些方面。这会帮助你在交谈之前想清楚：自己要和员工谈些什么、怎么谈、谈话的目标有哪些。请为自己回答下列问题：在理想的情况下，谈话会如何进行下去？你如何才能确定达到了谈话的目标？你如何才能确保自己能够引领谈话？对此，我为你总结了一些建议。

自我反思：员工谈话过程中的交流

1. 主动和员工说话，用一个问题开始对话。

2. 以清晰的、自信的方式说话。注意声音不要过高或过低，因为这会让你显得有攻击性或怯弱。

3. 保持目光的交流，并向谈话伙伴的方向侧身，将注意力放在谈话伙伴身上。

4. 请使用简明清晰的话语，避免矫揉造作的句子！

不要使用虚拟式①，避免"我想说……""我觉得……"等表达方式。请用清晰明确的方式描述自己的观点，例如"我观察到……"

5. 请在论述的时候表现得诚实，使用正确的论据，并对谈话伙伴保持尊重。不要在谈话过程

_____

① 虚拟式是德语中的一个语法现象，有多种功能，可以用来表达礼貌客气的询问及建议，但有时也有矫揉造作之嫌。

中改变自己的观点。

6. 请让对方清楚你何时在谈论事实，何时在描述猜测。

7. 避免人身攻击，以及让对方感到很受伤的描述。例如，"这项工作花费的时间比我想象得要多。你也是这么看的吗？"听起来就和"你今天可真是无精打采！"完全不同。

8. 请选择有建设性的描述方式，将目光投向未来。例如"好的，我们现在知道了为什么这些目标没有被完成，这给了我们重新调整框架条件的机会"。

9. 利用以"我"为主语的描述方式。例如"我观察到……""我期待……"

10. 请注意自己的肢体语言和表情。避免外伸幅度过大的手势、有攻击性的姿态，以及显露出无聊和排斥的信号，例如翻白眼、打哈欠，或把目光移到别的地方等。

无论是目标约定型谈话，还是（例行的）员工谈话、关于夸奖和赞赏的谈话、批评型谈话，以及告别谈话，只要你能将这些建议铭记于心，那么你便掌握了谈话这项技能。在接下来的几页中，你将读到面对不同类型的谈话，我们还需要注意哪些特殊的方面。

目标约定型谈话

领导谈话中，最常见的便是与目标约定有关的谈话。这类谈话也可以被称作年度谈话或方向性谈话，并已经在很多企业中成为惯例，不出意外的话都要定期进行。从内容上来说，领导会在谈话中与员工共同观察并评价其取得的成就，并谈论具备提升潜力的方面。当然除此之外，领导者还会描述他对来年的期待，与员工约定应当达到的目标，并提及能够刺激员工完成目标的奖金或奖励。

共同明确方向

这类谈话绝不仅仅涉及公司的前景，谈话还应当帮助领导者了解员工本人的目标和期待，并共同制定目标。领导者要能听出员工不满的声音，并着手处理员工的不满，寻找解决策略。

为了让以上这些都能实现，在谈话前进行卓有成效的准备工作是必需的。不仅是你，你的员工同样需要进行准备。请在准备过程中注意以下练习中提到的要点。

练习：邀请他人参加谈话

正如我们看到的那样，如果你想带着目标来领导员工，那么关于目标约定的谈话便显得至关重要。所以在下面的练习中，我对谈话中最重要的方面进行了总结。这样，你便同时也拥有了一份将来邀请他人谈话时可以用到的方案。

1. 及时邀请对方。请注意，你的员工也需要拥有足够的时间准备谈话。

2. 请在邀请信中列出将要交谈的重点话题，这些话题可以包括对过去一年的回顾、曾经约定的重要目标等。

3. 请附上上一次的谈话记录。曾经约定过什么？已经完成了什么？你在哪些方面没有遵守自己写下的内容？为什么？上次谈话中还有尚未解决的问题吗？

4. 在邀请信中，请要求员工将对话议程补充完整，并及时回发给你。

5. 请告诉员工你为谈话安排了多少时间。请让员工知道，如果需要，你可以延长谈话时间，前提是员工觉得有必要这样安排，并能够提前通知你的话。

6. 复杂的话题会引发激烈的讨论。所以，你需要提前要求员工以书面形式回答一些重要的问题。

依照这种模式，你将确保自己注意了所有的方面，并让员工获得了充足的空间提出自己关心的内容。此外，这种方式还会让谈话双方都知道谈话中会出现什么，而这能带来信任和安全感，避免不舒适的感觉，如果直接把别人叫到办公室，这种不适感就很容易出现。

良好的准备工作会创造信任

最重要的是，员工可以在对话之前分析一下自己取得的成绩，搜集论据，并为（批评性的）

问题做准备。他将不会有吃惊的感觉，也不会有丢脸的危险。员工从一开始便要扮演积极的角色，他们会在领导者的要求下更好地融入谈话中。

一旦对话议程已经确定完成，那么你便可以在内容上对谈话进行准备。

练习：对目标约定型谈话进行准备

这个练习将会帮助你针对目标约定型谈话，确立一个在将来可以不断利用的模式。请让自己想清楚以下几点：

＊针对这次谈话，你有哪些具体的目标？谈话结束时你想在哪些方面与员工达成共识？

＊你的员工已经完成了所有之前约定的目标了吗？他在哪些方面做得很出色，在哪些方面不够出色？

＊员工可以通过自己的成绩获得哪些奖励？他什么时候可以开始考虑这些奖励（即何时获得

奖励）？

　　*你想在哪些方面夸奖你的员工？为什么？

　　*你想在哪些方面批评你的员工？为什么？

　　*你将如何评价他在客户和同事面前的行为？

　　*针对未来的几个月，你想同员工共同约定哪些目标？

　　*针对这些目标，员工有多大的回旋余地？你能够并打算在什么程度上支持他？

　　*他必须要完成哪些重要的中期目标？

　　*你将借助哪些要素衡量目标的完成情况？

　　*员工应当得到什么样的奖金／奖励？

　　*员工在谈话议程中添加了哪些内容？而你应当提前了解些什么？

　　以上这些内容的准备工作，也可以被看作目标约定型谈话的既定计划。下面介绍的是一种适合于这类谈话的流程。

举
例

目标约定型谈话的流程

1. 坦率、有诚意地开场

领导者应当面对面地同谈话伙伴打招呼，建立融洽的关系，之后再提出你的交谈动机、交谈时长和目标。

2. 员工首先要亲自描述对自己的印象

为了能够知晓员工的强项，请向员工提出开放性问题，例如：

在过去一段时间中，哪些事情你做得很成功？

你在哪些方面发现了自己的优势？还有什么对你来说很重要？

你还能在哪些方面有提高？你在哪些方面看到了成长的潜力？

3. 领导者描述对员工的印象

请着重强调那些你与员工达成一致的方面，之后再说明你们二者的看法之间有什么不同，并对你们不同的观点进行论证：

我发觉……

在这几个点上我和你的看法不一样……

我对此观点不同……

我对此是另一种印象……

我的看法和你不同……

请在这里注意事实的客观性和可证明性。

请你注意：话是谁说的，谁就有证明的义务！

请要求员工表态，让员工把话说完，而你则应当积极地倾听。

4.计划改进措施，提出目标

这个阶段会涉及未来几个月的目标，请询问对方："你想为自己制定哪些个人目标？你想做的第一件事是什么？"请要求对方按照 SMART 原则（见第三章）描述自己的目标。

"3+1建议"从广义上说，意味着前三个改进建议（也可以是前两个，或者前五个）必须是由员工提出的，而你的建议应当出现在最后！

请留意员工的目标是否与你的期待相吻合。如果员工出于自身的考虑，计划得过少，或者计划得过多，以至于目标不能现实，那你应当对此进行修正。在对话中你要指明员工可以得到哪些援助，以及他要想达到目标，需要首先满足哪些前提条件。

5. 谈话结束

请再一次总结谈过的内容，尤其是约定的目标，并用一个呼吁结束谈话。请在谈话的过程中记笔记，并注意以清晰明了的方式记录约定的目标。在谈话之后你要做一份谈话记录，并将约定的目标，以及所有附带的信息（例如可利用的帮助、将要拓展的能力、监督日期等）以文字的方式确定下来。这份谈话记录将是员工个人档案的一部分。请为员工准备一份复印件，以便你们双方都能有一份描述清晰的、通过协商确定的内容，作为今后几个月合作的基础。

谈话的后期工作是必不可少的

同其他的谈话类型一样，目标约定型谈话也需要后期工作。你要生成一份谈话记录，并将加工好的版本发给员工。除此之外，你还要在谈话之后告知人事部，谈话是何时进行的，但人事部不会获得谈话记录。最后，你还要告知内部的相关负责人（一般被称作"人力资源负责人"）约定的培训计划，以及设想的职业调整。请为谈话

记录设置定期回看提醒，这样你就能确保自己将
会定期检查约定的目标是否被遵守。

员工谈话

目标已经明确了，悬而未决的问题也已经搞 员工谈话的动机
清楚了，尽管如此，在年度谈话之间，还是有理
由安排一些员工谈话。例如为了检验时间表有没
有被遵守，重要的中期目标有没有被完成，以及
为了调整前进路线，或者帮助长时间生病的员工
重新融入公司。其他重要的谈话理由还包括：

  * 试用期结束
  * 对任务和工作地点的调整
  * 培训的机会
  * 晋升
  * 与其他员工或客户的冲突
  * 对员工进行评价
  * 解雇

员工也可能会自己发起谈话请求，因为团队

中有冲突，因为他希望得到培训的机会，因为他们觉得自己被过高或过低地要求了。

及时提出谈话请求

　　一般情况下，作为领导者，你会是员工谈话的发起者。和目标约定型谈话类似，在员工谈话中，你也要及时邀请对方，并说明谈话的缘由，以便员工能有足够的时间来做准备。在很多企业中，"员工谈话"都会伴随着"提醒""训斥"一类的弦外之音。所以请注意，不要让自己的邀请中出现这类消极的"言外之意"，你可以使用下面这类描述："我很期待能和你交流一下"或"我想了解一下事情的相关情况，所以请允许我们一起聊一聊，你在××项目已经有了多大的进展"。请使用"有帮助"或"没有帮助"之类的词，代替"对""错"一类的词。

　　请要求自己的员工为对谈话做准备。你要注意让员工能够扮演积极的角色，并让谈话在平等的层面上进行。

明智地选择谈话环境

　　请为谈话安排足够的时间。你建议的时间和地点，应当能够让谈话的气氛轻松下来。如果你的员工在谈话之后，紧接着就要在潜在的客户面前做一次重要的产品展示，那么他一定不会百分百地专注于谈话。同样，如果你身陷一场艰难的预算谈判之中，那这件事也会影响你谈话时的专注度。

你要对谈话及约定的目标做记录。请使用一个在对话过程中可以填写，并在对话后必要的时候添加内容的模板，模板的结构越简单清晰越好。请注意以明确的、不会造成误解的方式描述约定的目标。

关于表扬和认可的谈话

表扬和认可应该是最美好的谈话动机了，但尽管如此，这类谈话中还是存在着隐患。一些员工会对表扬持怀疑态度，因为用表扬为谈话开场，然后开始谈论负面的消息，这种情况太常见了。为了能让你的夸赞真正被员工当成表扬接受，并发挥出期待的效果，你应当留心以下几个建议：

如何正确地表扬

1. 请根据具体情况适时地对员工提出表扬。例如，"我看到你昨天为了让客户能够准时收到订货而等了很久，我觉得这很好"。

2. 你的表扬要适度。这一点怎么理解呢？如果你是一个中肯的人，那么"干得好！"或者"你做得真棒！"这样的话已经能够让员工感到开心。如果你是一个愿意流露情绪的人，那么你可以在表扬员工的同时拍拍他的肩膀。请注意，成绩与赞美二者间的比例关系一定要合适。

3. 请表现得公平。你要注意，不要让一个员工因为某项成绩得到表扬，而其他人做出了同样的成绩却只能空着手离开。

4. 请同样表扬那些在你面前显得没有亲和力的员工。

表扬要简洁还是详细？

面对那些比较小的表扬动机，领导者不应该太过张扬。例如，当员工在很短的时间内完成了产品展示时，或者员工为了能够完成供货方案而加班时，你只要说一句"感谢你的努力，我们能够准时地结束"或者"你让我能够如此信任你，我很高兴"就已经足够了。但如果是了不起的成就，那你就要避免急匆匆地夸两句了事，而是应当为表扬付出相应的时间。为了能够让你的称赞被员工接受，并长时间发挥效果，你应当注意以下几点：

练习：正确地表扬

优质的表扬是需要学习的。这一点经常被提及，但却很少被思考。所以，我在这个练习中再一次总结了那些你应当谙熟于心的要点：

1. 请说明表扬的理由。你要说清楚什么事情进展顺利，以及你想要表扬什么样的成果和行为方式。请坦诚地询问员工，这样的成绩或结果是如何产生的，在询问的过程中请不要夹杂新的期待。

2. 请避免"干得好"之类缺乏针对性的话。领导者最好选择下面这类描述："你的产品展示从一开始便说服了我。这一点我很喜欢，真棒！"或者"我们都乐于阅读这种优质、缜密的市场分析。这对我们的销售目标来说是一个很好的基础。你做得真好！"

3. 请展现出你对成绩的兴趣。问问员工，他是如何想出这个关键主意的，他为什么觉得按时完成供货方案如此重要，他在做市场分析的时候利用了哪些获取信息的渠道。

4. 如果需要的话，请为员工提供谈论工作进程及组织过程的空间。

5. 在谈话结束时再次重复你的表扬，这会使谈话在更长的时光中成为员工美好的回忆，也会使表扬的效果持续得更久。

公开表达自己的认可

你应当私下或者在很小的范围内表扬一个员工。请永远记得：被表扬的人会因为你的表扬，而显得比没被表扬的人高出一块儿。而这种人为造成的"等级"并不是每时每刻对每个人都合适的！相反，如果你想表达（对员工的）认可，那么为了让认可的效果得以扩散，你可以也应该将这种表达公开化。这种（对员工的）认可，其效力远远超过了通过表扬体现的重视。这是对员工长期努力的成果，以及员工高品质的工作的认可。这种认可关乎你对成绩的尊重，而你要通过互动让员工感受到你的这种尊重。你要让他人看到，你并不认为已经取得的成绩是理所当然的。

批评型谈话

同员工的批评型谈话虽然不会让人开心，但永远都是必要的、有意义的，且能发挥作用的。很多领导者会回避这类谈话，但这样做将会在多个层面上带来很高的后续成本。首先，员工不会自发地改变个人行为，而这会对团队或公司造成长期损害。批评型谈话就是为了避免将来的错误。很多情况下，他并不知道自己的工作质量不符合你的期待，或者他的行为会对营业额产生消极影响。其次，员工错误的行为可能会带来经济上的损失，例如潜在的订单因此没有到来，或者客户转投到了竞争对手门下。

问题并不是在出现情况时是否开展批评型谈话，而是你应当如何开展谈话。批评型谈话同样可以对员工有促进作用。说到底，你们拥有共同的目标和共同的任务，而建设性的批评意见会帮

批评型谈话的意义

方式是关键

助你们更好地完成任务。

谈话的不自在感不会消失。我们每个人都不喜欢听到针对自己和自己成绩的批评，我们很快就会进入防御状态，因为我们感觉自己受到了令人难堪的攻击。我们也可能会依照"进攻是最好的防守"的原则进行反击。所以，批评型谈话对处理敏感事物的能力有很高要求。

练习：批评型谈话

批评型谈话对于以价值观为导向的领导者来说，可能是"五大类谈话"中最难开展的一种。所以我在这里安排了一个练习，你可以将这个练习作为未来谈话的基础加以运用。

1. 究竟发生了什么？你亲眼看到或者亲自断定了什么？为什么你的员工或某个话题会让你惦记着？

2. 请站在员工的角度考虑一下：他本可以在什么时间做出什么不同的行动？是什么（可能的）

动机让他实施了现在这样的行为？

3. 请确立谈话的目标。请将最理想的目标和你要达到的最低目标区分开来。选择一个安静、合适的谈话场所。请与员工面对面交谈，而不是打电话。最重要的是，不要当着他人的面。请注意你们的就座方位（见第七章）。

4. 如果要谈论一个非常艰难的话题，那么一起散步是一个好主意。一些涉及个人的话题在走路的过程中更容易交谈，因为路上不会有那种“官方”的氛围。运动会带来改变——你会不断感受到，自己在散步的时候谈吐更轻松，脑海中也会浮现出更多有建设性的想法。

5. 注意谈话的时间：你最好选一个晚上或者离周末很近的时间。早晨的批评会让人一整天都没有动力。在周五晚上或者周六提出批评，是个不错的主意，因为这会让员工拥有额外的几个小时好好思考一切，然后在周一带着新面貌拜访客户，或者回到团队工作中。

借助以上准备工作，你已经为谈话确立了重要的方向。那么现在就要讲讲谈话本身了。

批评型谈话的流程

举例

1. 问候

请营造出积极的谈话氛围，通过面对面的问候、握手和目光交流，让对方感受到你的信任。

2. 以简明、直截了当的方式描述事实和数据，并谈一谈自己的感受。请使用以"我"为主语的描述方式：

我发觉……

我感到不解……

我非常生气……

我对……感到失望

情绪是这个阶段的一部分，并且应当出现在这里。请说明你为什么会有反感、失望等情绪。

3. 请为员工提供阐述个人看法的时间和空间。如果需要，你可以询问对方："目前的情形你怎么看？""你是怎么想的？""你的印象是？"

情绪应当在这里发挥作用，只有这样，员工才会改变自己的行为。

4. 等待。你要获得来自员工的信号。他已经承认了自己的行为在目标执行方面是错误的吗？如果他已经做出了回应，那么谈话就可以继续了。

5. 为了能使情况得到改变，请与员工共同约定目标和措施。你应当要求员工表现得积极，比如询问他："你现在要做些什么呢？"

6. 请注意营造一个积极的道别场景。你可以发出呼吁，并同员工约定下次谈话的时间，以便能够看到约定的措施是否带来了预期的成果。

为了让批评型谈话能够发挥预期的作用，你必须要观察目标执行的过程。如果你已经察觉到了初步的改变，那你应当对此提出表扬；如果约定的目标并没有被遵守，那你便有必要开展下一次批评谈话。

离别谈话

这一天早晚都会到来。一位员工将要离你而去，因为他或她想在职业方面做出改变，因为他或她被解雇了，或者调整了自己的生活重心，也可能是因为退休的时间到了。

离别的正面意义

如果从以价值为导向的视角来看，离别谈话是重要的。你可以再一次为员工做出反馈，展现你对员工价值的尊重，为将来可能出现的合作创造基础，毕竟人们不可能预知下次见面会是何时。对于还在岗的员工来说，对待离别员工的方式将会提示他们，你对价值的尊重究竟有多么真诚。如果你不能为要离开的员工腾出时间，同他友好地道别，那你的行为会打击员工的士气，他们会觉得自己仅仅被当作员工，而并没有被当作人对待，会觉得只有在自己对公司有用的时候，自身的价值才会被尊重。

好言好语会维护他人的尊严

领导者能够从离别谈话中获得的信息量往往会被低估。谈话会如何进展，以及你在谈话中要追求哪些目标，都有必然的关系，即员工是自己离开了岗位，还是被解雇的。你要为对话腾出时间，积极地倾听对方，并直到谈话的最后一刻都展现出对对方价值的尊重，以及人性化的一面。是的，我知道，有时候员工离职后，有必要在最短的时间内让他远离公司的电脑、信息系统及客户数据库，但即使这样（我们先排除员工表现出犯罪行为，或者危险已经临近的情况），你还是可以以各种方式安排。是以公开的、令人羞愧的方式道别，还是以友好的方式，让员工能够保全脸面，并得到来自你的赞许之词，尽管结果已经无法更改？如果你能够成功地做到后者，那么即使员工更换了公司，你也相当于为自己的公司赢得了一位"信使"、一位代言人。他会在市场上发表对你有利的言论，并可能在将来为你提供优质的岗位人才推荐。

CHAPTER

管理法则8：创造属于自己的

"惊叹元素"

简明清晰的管理法则八：
利用"惊叹元素"来获得成果。

你需要这条法则是为了什么？	三个"F因素"（feuer：激情；fähigkeit：能力；fakten：客观因素/工作环境）必须要同时出现，你才能创造出属于自己的、令人惊叹的元素（wow!-faktor），并让这种"惊叹元素"同样出现在你的企业和员工身上。
这条法则是由什么组成的？哪些能力是最关键的？	激发自身热情的能力、确立毕生使命、发现"杠杆效应"、做好学习的准备。
你如何提升这些能力？	借助几个自我反思和练习，你将创造属于自己的"惊叹元素"。

只有在充满热情、满怀动力的工作环境中，以及具备成功所需的能力时，你才能获得出众的成果。如果三个"F因素"，即激情、客观因素和能力能够同时出现，你便会带着热情做出出色的成绩。这些便是你的"惊叹元素"。你可以将这种"惊叹元素"引入公司，并让自己的团队也同样拥有。而这之后，动力便不再是问题了。

"惊叹元素"——让杠杆效应的发挥变得轻松

"惊叹元素"与我们之前讲过的几个管理要素联系紧密：　　　　　　　　　　　　乐趣会鼓舞我们

＊你已经确立的、有决定性的毕生使命，以及你在多大程度上靠近并践行了自己的使命。

*赋予自己工作和公司的，并能在工作和公司环境中找到的意义。这种意义会为你带来力量。

*目前的环境与你内心价值观的契合度。这决定了你的动力的强弱程度。

*你在多大程度上做到了"真实"及"言行一致"。这两方面将会帮助你获得成就。

*上述这些要点在你的员工身上的体现程度。在价值观方面，你的员工应当与你走在同一条道路上。

以上所有的要素都会点燃热情的火焰。这些要素令我们充满激情，令我们的头脑处于快乐的模式中，它们会释放能量，创造驱动力。它们让引擎启动，让你和你的员工进入高效率的状态。这一切你肯定是懂得的，否则你就不会达到今天的成就了。

自我反思：成为拥有"惊叹元素"的榜样

人们（在工作岗位上）正在寻找拥有何种价值观及性格要素的榜样？这一点你已经在前面读

到了。那么，请在这方面诚恳地评价一下自己，并思考一下，作为简明清晰的领导者，你如何才能开发自己的潜力？从以下几个层面考虑。

　　1. 情绪方面的、个人层面的能力，即决定一个人是否能好好对待自己的能力，因为良好的自我领导是领导他人的前提。

　　2. 社会、人际层面的能力。例如对他人情绪的感知力、对他人的顾及和体谅、交流能力、解决问题的能力、符合伦理道德的行为、具有榜样作用的生活方式等。

必须要不断提升自己的能力

　　我相信，手中捧着这本书的你，一定擅长自己正在从事的工作。学了很多东西，参加了各种职业培训，你多年的工作经验与这些培训相得益彰。你接受了很多职业挑战，并通过这些挑战升职。你掌握了一系列随时可以施展的能力，这是你价值非凡的、不可分割的财富。这种财富，没有哪家银行能拿走，也没有哪个债权人可以典当。

知识是会流动的资产

这是好消息！不好的消息是，这些能力会一点一点地消逝，时光的利齿会啃食它们，它们会褪色，会有皱纹。一些人会继续利用那些还留在他们身旁华丽但已经开始不断缩水的"工具"。还有些人试图继续利用自己腰包中的那些技能"放高利贷"，然而这个世界已经开始用新的"知识货币"交易了。简而言之，由技术、知识、能力、工具和战略构成的美丽组合会慢慢过时，它并不是总能符合新时代的新要求，更不用说帮助你开拓新视野，以及让你借助自己的"惊奇元素"带动他人（比如自己的员工）前进。我还能想起一位叫劳伦斯·J. 彼得（Laurence J. Peter）的科学家，他在 20 世纪 70 年代末就创建了以自己名字命名的"彼得法则"（Peter-Prinzip）。这条法则主要讲到了领导者会提升到一个自己无法胜任的职位，导致效率低下，发展停滞。为什么在社会和经济领域会产生重大的决策失误？这便是原因之一。我在学生时期便读过了《彼得法则》（*Das Peter-Prinzip*）这本书，之后我将这本书作为长期的警示放到了书架上，提醒自己要成功地顶住彼得法则的冲击，而这一点我后来也的确做到了。与彼得法则抗争，意味着要做到下面四件事：

1. 在前进的道路上不断进行自我反思。

2. 让我的"技能列表"能够适合最新的职业挑战。

3. 从有批评精神的智者和导师那里，定期获得关于自己的见识、知识财富及表现的反馈意见。

4. 活到老、学到老，不断打造自己。

如果热情的火焰不能在技能的火把上燃烧，那它便毫无价值。

工作环境：企业的基础方针一定要正确

你应当让自己进入"心流"状态（flow），这是你"惊叹元素"的一部分。米哈里·契克森米哈利（Mihaly Csikszentmihalyi）很好地描述了这种全身心投入一件事情，充满能量，陶醉于创造工作过程中的感觉。在"心流"状态中，我们就像是玩耍的孩子一样，完全专注和沉浸在某件事中，这种状

没有"心流"，便没有"惊叹元素"

态在成年人身上是非常少见的，也是非常宝贵的。这个"惊叹元素"会使你轻松地、充满能量地前进。但为了能让"心流"时常出现，你必须不断地提升热情、能力和工作环境这三个要素。

练习："惊叹元素"

下面三个建议能帮助你获得"惊叹元素"：

1. 热情

请创建一个清单，清单中列出的是在你（商业）生活中对你激励作用最大的、能打动你内心的事情和情景。你能获得的好处。清单上的要点能给予你力量和动能，比其他的一切都要大；当危机出现、形势吃紧的时候，这些要点将成为你的资源。

2. 能力

你现在要决定，自己要在哪些与商业和未来相关的领域立即参与职业深造。请不要让自己的知识和技能过时，而是要将自己的能力保持在最前沿的水准。你要在未来的三天（72 小时）内搜索一个课程（或让别人代为搜索），并报名参加，或者找到一个教员，这名教员要能够拓展你在技术、业务方面或社交、情感方面的技能。你是一个行动者，你能够完成这项任务，即在三天之内走出下一步！

3. 工作环境

创建一个以结果和效率为导向的氛围，是你作为领导者的任务。借助下面七个原则性问题，你可以创造属于自己部门和企业的"惊叹元素"。

（1）我们作为一个团队，如何才能激发自己的热情？

（2）我们的"热情之火"会燃烧到哪里，又能持续多久？

（3）我们采用什么途径可以赚到最多的钱，哪个地方的收益是最高的？

（4）我们不想再做、再拥有、再成为什么？

（5）我们想用什么将它们取而代之？

（6）哪些事我们可以做得特别好？

（7）我们在哪些领域是第一？

具体来说，第八条领导法则要求你承担的义务是：

 你要将自己和员工的热情之火点燃，以目标为导向继续开发自己和员工的能力，并创造适合的、使取得成绩的快乐成为可能的框架条件。如果这样，你的"惊叹元素"便可以发挥作用了！

CHAPTER

管理法则9：通过理智和意识提高销售额和利润

简明清晰的管理法则九：以盈利为导向，但要借助理智和意识。

你需要这条法则是为了什么？	企业践行的价值观和企业的经济成果之间存在着直接的联系。有意义地行动和工作，以及提供有意义的商品和服务，便是一条尤其重要的价值准则。
这条法则是由什么组成的？哪些能力是最关键的？	视野、开创使命、意义、正直、以客户为导向。
你如何提升这些能力？	你将借助自我反思询问自己：在我们的公司中，是什么将价值观转化成了价值？

企业的社会任务是提供能够改善人们生活的产品和服务，只要我们借助理智和意识，而不是贪婪和暴力追逐利益，那么赢利就会成为企业任务的自然结果。企业行为和社会生产必须要有意义，只有这样，长期的、以价值观为导向的行为才能持续地创造价值，这一点我们之前已经确定过了。

价值观导向包括利益导向

进步总是扎根于对立的区域，扎根于安逸和成长的差别中，而进步是我们人类与生俱来的追求。格拉德·许特①曾针对这个话题出版过一系列

生活 = 成长或者死亡

---

① 格拉德·许特（Gerald Hüther，1951— ）：德国神经生物学家、作家。

著作。成长或是消亡——生命被捆绑在一个互补的系统中。企业必须成长，否则便会消亡。谁如果不继续发展，便会慢慢死亡。我想说的是，我们依靠差异而生存。鱼子酱和咖喱香肠——这二者必须同时存在。如果吃了一段时间鱼子酱，我就想（重新）开始吃芥末香肠，否则便没有新鲜感了。

目标会孕育出新的目标

已经完成的目标会孕育出新目标。从这个意义上来说，增长，包括经济方面的增长都永远不会停止。新的、合适的、经历了发展的事物，即那些适合新要求、新资源、新契机、新市场的产品和服务，必须要不断出现。只有这样，利润才能被创造出来，否则企业便无法完成它的社会任务。

我们的理念需要成长，我们也需要借助理念实现成长

"销售额创造机"的战略

以有意义的方式生产，以可持续的方式经营，创造出对人类生活有帮助，并因此受到推崇的畅销产品，是那些"销售额创造机"的目标。我在

过去的10年中已经密切关注了这类在销售方面特别强势的企业制定的成就战略，并确定了一点：它们出色的表现，始终是以极佳的市场知识和运营资本、可执行性极高的未来视角，以及卓越领导、创造意义、开创未来等能力为基础。

　　这里还有一个建议：如果你愿意的话，可以借助"九级系统"理论（9-levels-systematik）对以上内容有更加深入了解。

将价值观和利润的互动作为赢利的基础

　　践行的价值观和获得的利润之间的关联，将在下面的内容中再一次被证实。在一个著名的研究项目中，罗尔夫·伯斯[①]（Rolf Berth）调查了307个团队，这些团队需要在30条已经给出的被称作特别重要的价值准则中，选出自己倾向和排斥的准则。之后，这些团队在自己项目中取得的收益率，以及倾向某条准则和排斥该准则的团队

---

　　① 罗尔夫·伯斯博士是德国社会学家及畅销书作者。

之间的收益率差值（见下方数据）都将被算出。最终结果显示，简明清晰的领导方式对应的价值准则，对收益率的影响尤其大。

价值准则	收益率
开放自我，以便加入到团队中	178%
要做的所有事都必须是值得做的	174%
全身心投入	171%
用信任代替监督	162%
保证自由空间	146%
终生学习	145%

价值观将在未来引导那些成功的、销售表现强势的企业。上述调查只是众多证明了这条准则的调查研究之一。"领导行为能够释放的能量实在是太强大了，如果领导者能够明智地将价值准则引入工作中，那么节省的资源一定是巨大的。"伯斯总结道。

让你的利润翻倍

在这一点上，活跃在全球范围内的美国顾问公司 Zenger 得出了清晰的、有说服力的结果。该公司的数据库包含了公司多年来在全球开展的 30

万次 360 度全方位反馈分析。借助这个数据库，公司确立了一套融入了 16 条价值准则的核心能力（core competencies）系统。这个系统将会让领导者变得尤其成功，特别是在提升利润这一点上。正如杰克·曾格（Jack Zenger）和乔·福克曼[①]（Joe Folkman）所说的那样，如果领导者能利用"辅助行为"（companion behaviors）的作用，开发这些以价值观为导向的能力，或者将这些能力融入领导过程中，他们便会带领自己的团队进入"双倍盈利"模式（double your profit）。不负责任的领导者会承担损失，好的领导者会获得利润，只有卓尔不群的领导者才能创造利润，他们创造的利润要比其他 90% 平庸的利润额高出一倍多。[参见媒体报道《领导者如何影响企业的利润》（*Wie Führungskräfte den Unternehmensgewinn beeinflussen*）]

---

　　① 杰克·曾格博士和乔·福克曼博士均来自美国，他们均从事与领导行业相关的研究工作。

自我反思：我们身边哪些因素将价值观转化成了价值？

因为"以盈利为导向"和"以价值观为导向"这两个要素之间存在着紧密的联系，所以在思考时，你要观察自己在企业工作过程中存在的同时构成了以上两个要素的直接基础方面。以下四个发展阶段中的每一个都需要较长的思考过程，而重要的是，你要将每一个阶段都完成。绝大多数企业会通过第一阶段、第二阶段，但会在第三阶段、第四阶段失败。所以，这些公司一直都无法通过坚定不移地执行每一个阶段，将自己固定到神话般的品牌的位置。那么你呢？

1. 以公司的价值准则为基础，确定使命和对未来的展望。

我们的 10 条最重要的、白纸黑字记下来的，并在公司中践行的价值准则是：

———————————————————————

———————————————————————

针对全体员工都认可的公司使命：

我们能够给予世界哪些重要的、有意义的东西？

———————————————————————

———————————————————————

针对公司的未来展望：

我们在十年后应当处于什么位置？人们为什么要了解并重视我们？我们通过什么征服了市场？

———————————————————————

———————————————————————

2. 让公司及公司提供的产品或服务获得核心地位和专家地位。明确将客户需求作为前进的方向。

3. 为产品和服务注入情感的元素，将产品的"感情附加值"作为独树一帜的特征，在市场中确立。

什么可以真正激发我们的客户，以及对我们感兴趣的人的（积极）情绪？我们怎么才能增强这种情绪？品牌在当今就好比是一个个主题公园，在公园中的经历会触动人们所有的感官。

———————————————————

———————————————————

我们怎么才能触动这些感官？我们的客户能够看到、听到、闻到、摸到甚至尝到什么？

———————————————————

———————————————————

4. 长期目标：我们的公司如何才能成为神话般的品牌？公司的精髓是什么？

做不好领导，便肯定做不好营销

"客户 3.0" 会期待
卓越的领导文化

只有价值准则一直都被清晰地注视并践行的时候，"领导 3.0"（参见第五章）才能取得成功，并带来成果。因为只有如此，企业才能为自己争取到员工和员工的想法，同时也能赢得客户。客户是企业资金的源泉，你作为企业工作者，这一点就用不着我再解释了。我们的注意力一定要放到客户身上。和过去的客户相比，当今的 "客户 3.0" 已经有了不同的评判标准。他们的消息经常比卖家还灵通，他们重视可持续性和价值，他们不会随便找个地方消费，对他们来说，企业的形象和领导文化非常重要。Ketchum 国际公关集团开展的研究项目《Ketchum 领导交流监管报告》便展现出了这一点：6500 名受访者中的绝大多数表示，在过去的 12 个月里，他们在领导工作糟糕的公司减少了自己的消费，甚至完全抵制了这类公司。也就是说，如果公司的领导文化很差劲，那么客户就不再会消费它们的产品，至少客户会降低消费量。针对亚马逊商城（Amazon）的抨击、空旷的普利马克店（Primark），以及关于被抵制的施莱克连锁店（Schlecker）和快速陨落的世界知名品牌Abercrombie & Fitch 的回忆——这些案例只是无声的客户革命中的一部分。这样的革命每天都会在柜台上发生，客户会用自己的脚、购物袋和信用卡投票。

可持续发展，以及将"以价值观为导向"作为"以盈利为导向"的根基——这两点都属于新时代卓越领导者最主要的任务。

CHAPTER

管理法则10：利用集体的智慧

简明清晰的管理法则十：
为了能利用众人的智慧，联
网吧。

你需要这条法则是为了什么？	利用众人的智慧意味着：获取个人关系网中的经验知识，以及来自员工的知识；将客户针对未来趋势做出的反馈用到新产品和服务中；获取导师的帮助；建立智囊团。前沿的技术媒介会帮助你做到这些。
这条法则是由什么组成的？哪些能力是最关键的？	联网、创建共享经济、利用第三方的知识、导师制、集体智慧、技术能力。
你如何提升这些能力？	借助自我反思环节，你将思考自己如何将本条领导法则中最重要的因素付诸实践。

没有谁能单枪匹马就获胜，过去一直如此，而且无论从哪个层面预测，未来依旧会如此。所以，你这样的卓越领导者一定会更加指望来自自己的交际圈，自己参与、推动的团体，以及来自众人的智慧。你会在网络化结构中工作和思考，并运用现代技术以及你出色的社交能力。

利用他人的知识和智慧

利用众人的智慧，这是企业的领导法则之一，这条领导法则融合了以下几个方面：

1. 获得并重视员工的经验知识

为了整个企业的繁荣，"领导3.0"会懂得利用员工的知识、经验和能力。而这一点的前提是，

将员工视作知识的源泉

领导者必须要能得到这些知识，员工必须自愿为领导者提供这些知识。我们不可能从员工身上压榨出见解来，也不可能从员工的脑袋中吸出知识。如果你迄今为止都是一个以价值观为导向的领导者，并展现出了自己的榜样作用，那么员工会自愿地、愉快地为你提供自己的知识、见解和成果。而你要做的则是询问，即提出正确的问题，以及建立一套标准化的信息询问流程（这点属于管理的范畴）。最重要的是，你需要利用很长一段时间证明自己是员工的倾听者和支持者。因为只有员工感觉到，自己不是仅仅被"拿走"了知识和点子，而是确实为企业的繁荣，同时也是为了保住自己的工作岗位，做出了有价值的、令人尊重的贡献时，他们才会愉快地奉献出自己的见解和经验。

2. 利用客户针对未来趋势做出的反馈

一个点子就能带来动力

　　"领导 3.0"会运用来自市场的反馈，还有来自客户和供货商的愿望，以便达到"瘟疫般"的成就。我想说的是什么？就如同马尔科姆·格拉德威尔[①]在他的书《引爆点》（*Tipping Point*）中描述的那样："瘟疫般"指的是在短期内，通过少数几个人的意见形成一种能改变整个市场的动势。请不要误解，我并不是说你应该仅仅针对客户的愿望，即来自市场的声音做出反应。这不是真正意义上的创新行为，因为针对产品和服务想出美妙的主意，并将这些主意无偿提供给你的公司，并不是客户的任务。我的意思是，你要利用获得的反馈推断出未来的趋势，并在你的工作中，即在经济层面引领公司走向未来的过程中运用这些趋势。这样，你便能够了解到市场的智慧。

格拉德威尔描述了三个能将一个主意转变成"瘟疫式"增长的因素：

一个点子引发的"瘟疫般"增长

1. "少数人法则"强调了少数卓越的、充满热情的人对改变的开始有多么重要（可惜这一点对于消极的改变也同样有效）。

---

① 马尔科姆·格拉德威尔（Malcolm Gladwell，1963- ）：加拿大记者、作家、企业顾问。

2."附着力因素"指的是能够使一条信息变得令人难忘、变得有附着力的方式。

3."环境威力法则"——简单说来，这条法则指的是：改变人们行为方式的关键因素，是那些小的，但至关重要的细节改变，是那些关于基本状况的微小调整。格拉德威尔认为，一些针对产品的或大或小的调整，往往会带来决定性差异，这种调整可能就是引发"瘟疫"的动力。一个有些极端的例子是第一代苹果手机的构想：苹果手机不仅通过其大量额外的程序——那些逐渐上市的、数以千计的APP应用——对市场进行了推动性的革命，苹果手机甚至还改变了人们的行为方式。你注意到了吗？这一代孩子都开始滑动屏幕了，即使屏幕的背后并没有隐藏着来自苹果公司的技术。是的，也许你也曾有过类似经历，反正我最近就发现自己为了进入挑选车票的程序，是如何在自动售票机的玻璃屏前面滑动屏幕的（注：售票机的玻璃屏幕并没有滑动功能）。

同样的道理，服务方面的调整，以及在客户面前行为方式的调整，同样可以激发"瘟疫般"

的成果。你永远可以找到一个领域，在这个领域中，你通过一个微小的改变，即从客户的角度出发进行一点点思考，就可以获得比之前大得多的成功、赞许和销售额。除了众人的智慧以外，还有一个人的聪明才智也是必要的，而那个人就是你。

3. 利用导师的知识和帮助

在个人发展方面，简明清晰的领导者会从导师及其他智者的经验中获益。这一点和我之前的话是吻合的，你要为自己的聪明才智和工作热情提供优质的源泉。在这方面，导师和私人培训师将会发挥作用，他们会帮助你重新梳理自己的资源，将思路拓宽，切换视角，看得更远，对未来展开更好的构想。这里的关键词是：降低复杂度、清晰、一针见血。

从他人的知识中获益

这会涉及我们对于控制复杂局面的思考。我们必须要统揽全局，发现隐藏在事件背后的关键点，以便能展开重要的行动，为局面注入正能量，让一些事情真正发生改变。正是在这些方面，你

可以从身边的导师或榜样展现出的经验、沉着和
智慧中受益。为自己寻找最佳人选！伟大的人会
乐于分享自己的知识！

自我反思：与导师的关系

不用每个错误都亲
自犯一次

　　一些领导者宣称，自己充满了（可能是装出
来的）自信，他们从来不需要导师。我想说：可
惜呀，这种想法太狭隘了，因为我们并不需要每
个错误都亲自犯一次，而是可以从别人的经验中
学习。在这里，你可以反思一下自己的导师，以
及你自己如何利用来自他人生活中的智慧。

我的导师／我的榜样是：	这一条价值准则或特征给我带来的感触尤其深	我用这种方式将自己的感悟践行到生活中／领导工作中

4. 在专家团体中构建集体智慧

简明清晰的领导者会利用先进的、能够将众人的知识联网的媒介。他们掌握相关的技术和策略，只为了在合适的时间获取正确的知识和技能。请不要误解，我的意思并不是简单地遵循"群体智慧"的原则，并相信"大多数人不会错"的道理。在这一点上，我的看法和阿纳托尔·法朗士[①]相同，他曾说过："即使5000万人都说了某些蠢话，这些依旧还是蠢话。"这里的智慧指的是"众多专家的智慧"，如果能将这些人的知识和观点结合起来，我们便可以生成新的解决方案，打开新的视角，进行新的展望。互联网为我们提供了通向资源和交际圈的入口，知识机密几乎不复存在，每个人都可以和任何地方的任何人建立联系，所以我们要充分利用这种网络效应，这就好比在全球范围内彼此联网的巨型射电望远镜，让我们能够见到陌生的星系，看到我们的过去和未来，

网络化的知识将创造出新的解决方案

———————

① 阿纳托尔·法朗士（Anatole France，1844-1924）：法国作家，1921年诺贝尔文学奖获得者。

动摇我们对于宇宙的印象，并带领我们一步一步地不断前进。

针对专业知识，"共享经济"的原则同样适用

"众包"（crowdsourcing）便是一个具有指示意义的关键词。这个词的意思是，许许多多的人都彼此处于"联网"状态，以便能够互相帮助，从彼此身上获益，并促进知识共享。维基百科以及其他千百个平台都可以让人们彼此分享知识、科研项目、研究成果、数据汇编及产品评价，或者就是单纯地为别人提供帮助，以及回答一些显得荒谬的问题，抑或交换日常及工作方面的优质建议；这些平台能够让人们为彼此免费提供大量的产品和成果，把自己不用的东西送给别人，而不是丢弃处理，方便人们分配可以使用的资源，将物品出借或分享。无论是汽车共享、共用住房、书籍交换、二手衣物的买卖交换还是组织同乘——共享经济（share-Economy）已是曾经"集体概念"必然的后续步骤。这条原则同样适用于知识和技能。通过Youtube之类的在线平台，成百上千的辅导教程被免费提供，这些包含了无数"生活妙招"（lifehacks）的教程，构成了一个能提供新知

识、新信息、新视野、新点子的价值无法估量的
资源库。

　　当然，这些平台还是新的商业计划源泉，因
为在这些平台中，新的产品、理念和成果会不断
成长，这些我们明日都将需要，它们将引领我们
走向未来。如工业社团、定期餐会、地区及全国
范围的兴趣小组之类的社交圈子，以及 LinkedIn、
XING、Facebook 之类的在线社交网络，都是知识
和想法的源泉。第十条领导法则，即众人的智慧，
注定是简明清晰的领导者在未来要面对的话题。
这条法则将汇集来自众人，包括员工、市场和销
售渠道中的工作者、客户、导师及专家团体的能量。
这条法则经济适用，且鼓舞人心。这条法则会迸
发出火花，并为你带来"惊叹元素"。

网络是创意的摇篮

· ·

　　**自我反思：作为领导者，我怎么让自己的行
为变得明智**

　　要回答上面的问题，你必须再一次亲力亲为。
但只有进行诚实的内省，我们才能在卓越领导者

的道路上越走越远。所以下面的自我反思才会出现在本章的结尾，以便你能够有时间进行自省。在思考下面四个问题的过程中，请一如既往地做笔记。

1. 员工

员工真的愿意向我这个领导者透露自己的想法、知识和经验吗？你能够借助哪些质和量方面的成果确定这一点？

计划清单：我要具体做些什么，才能让自己的领导行为在这方面有所进步？既然知识和点子是未来最有价值的资源，那我又能给予（提供了知识和见解）员工哪些有价值的东西呢？

_____

_____

2. 未来趋势

我们要怎么做，才能借助客户的反馈预测未来的市场，并推算出未来的发展趋势？这个过程是如何被计划的？

计划清单：我们如何才能强化该流程？我会将公司中的哪些人考虑到改进建议中呢？

———————————————————————

———————————————————————

3. 导师

在商界和私生活中，我认识哪些值得学习并能让我获益的榜样呢？我最相信谁的能力？我最信赖的人是谁？

计划清单：执行本章"导师关系"部分的自我反思。我会把谁当成自己的导师交谈呢？我自己又可以成为谁的好导师呢？

———————————————————————

———————————————————————

4. 专家团体

那些能让我前进的、来自行家的知识汇聚在哪里？哪些高端、有用、对创新有推动作用、全球范围内线上及线下的同行互助团体对我来说很重要？

计划清单：我会在哪里倾注心血，在哪里不会？

———————————————————————

———————————————————————

总结：在商业3.0中，为行动注入动力

团队的领导者……　　领导一个团队，激励团队做出最好的成绩，作为领导者表现坚定——这些都需要精力、耐力和动力。尤其是在较大的团队中，保持对团队的控制力是很重要的。只有这样，你才能高效领导，才能在必要的时候采取应对措施，并做到最重要的一点：支持自己的团队。

……需要信息　　快速、透明的信息，知识的转移，以及对相关数据的获取——这些前提条件会帮助你完成上述任务。如果你现在想问，自己如何才能在一个10人、20人或人数更多的团队中保证这些前提，那么我想说：有一个办法，而且这个办法比你想象的更简单。

社交媒体——有用的工具　　这个解决方案就叫作社交媒体，或者更具体一些，叫作社交内网（Social Intranet）。你是像荷

兰国际直销银行(ING-DiBa) 或德国电信（Deutsche Telekom）一样开发自己的程序，还是利用如 Salesforce、XING、LinkedIn、Facebook 等已有程序提供的内部小组功能，这一点无关紧要。这类互动工具为你提供了多种多样的机会，让你能够完成成功销售所必要的知识转移，以及拥有透明性。它们还为你创建了一个平台，以便你能够做到几乎和员工瞬时交流，无论是同两个人、三个人，还是在必要时同所有人交流，无论是发文章，还是打字、聊天或者通过视频交流。自己开发的程序，更能为你提供巨大的优势。你能够展示并探讨产品介绍，或者很快地找到一个同事寻求建议，你可以组织在线研讨会，通过视频交谈及直接远程控制他人的显示器解决项目问题。无论你或你的员工身处何地，社交内网都能将所有人拉回到一个屏幕中，即一个宽敞的虚拟办公室中。

网络 3.0 与领导者的日常

至少在私人领域，很多员工已经开始运用社交网络了。他们会在社交网络中和自己的朋友，但也和自己的同事交流。他们会在 Facebook 或 Whatsapp 上建立小的内部群组，以便让大家都能随时了解彼此的情况。他们会利用如 Trello[①]、印象笔记（Evernote）和云服务之类的工具，以便让自己能够更好地配合工作项目和截止日期。

我们每个人都在社交网络中行动，写邮件、和朋友聊天、在维基百科中查询，或者在论坛中寻找答案。我们用智能手机代替了普通手机，以便让自己永远都能在线，能够调取并发送信息。在工作中，我们同样会很自然地点击鼠标上网：我们会在 XING（www.xing.com）和 LinkedIn（www.linkedIn.com）上查看新员工的履历，在购物网站上搜寻来自亚洲生产商的建议，在 XING 提供的论坛上提出或回答问题，我们也会通过内网调出食

---

① Trello 为一个在线团队协作工具。

堂的菜谱，而不用再走到公告栏。在你交流和领导的过程中，你同样可以运用这些资源。

内网3.0——没什么比这更有效率了

社交内网，即内网3.0能够让信息传递更有效率，支持工作的推进，并增强人们的集体归属感。这些都是大目标，不过这些都是可以实现的。

例如信息通知。很长时间以来，重要的信息都被挂在公告栏上，或通过电子邮件传播，抑或口口相传。这些在今天依旧会发生，不过公司内网已经出现了，一些背景资料会被放到公司的内网中，如重要的表格、工作指南、组织结构图、内部电话簿，当然还有食堂的菜谱，菜谱可以作为让人偶尔上内网随便看看的动力。一些适合内部交流的微博类程序或者简单的 App 应用都可以满足这些要求。

内网3.0绝不仅仅是一个虚拟的，但也渴望被偶尔关照一下的文件柜，它是一个属于员工的社交网络。在这里，信息共享将会展现出前所未有

社交内网……

……代替了公告栏

……并汇集了信息

的品质。与通过平行方式推广信息（如通过邮件、公告栏或当面交谈）不同的是，你现在拥有了一条集成渠道发送你的信息、问题和要求。信息是否能传达到，与员工是否会在通往食堂的路上走过公告牌无关，员工随时都可以登录内网3.0，并让自己接收通知，无论是出现了新信息，还是有同事希望获得来自他的信息或希望他能解答问题，而在文字中提到他。

有计划的联络会控制信息洪流　与此同时，人们也不会淹没在过多的信息中，因为利用社交内网，我们可以和单个员工、个别的团队及特定的公司部门交谈。针对这些细节，我们可以使用以成员角色和兴趣领域为基础的过滤、搜索和通知功能。包含了个人特征及个人所需信息的起始页，会促进人们对社交内网的使用，就如同社交内网提供的其他功能一样，例如方便我们以快速的、不死板的方式做出反馈、解答问题、对展示进行评价，以及将产品介绍视频等电子版资料分享给同事，或者在产品展示的过程中播放这些内容。在网络研讨室中，即使是来自不同地方的多个团队，即使团队成员分散在世界各

地，人们也可以共同加工产品展示，开发新产品，
或构思新的卖点。

你可以通过如下方式测试内网被接受的程度

举
例

　　内网本身不是成果的保证，在这方面，你同
样需要发挥榜样作用。你要利用内网的功能，在
内网中索取评论，并注意其他员工是否使用这个
工具，以及如何使用。下面这些测量参数可以帮
助你了解情况：

　　*登录内网的次数

　　*在个人界面及其他界面的平均停留时间

　　*已经添加的文章和文件数量

　　*讨论的参与度

　　*已经添加进内网中的项目个数

　　*问题和回复之间，以及文章和评论之间的平
均时间间隔

　　*关于内网的员工（问卷）调查结果

内网的优势……

信息传递本身并不是目的。恰恰相反，每一条信息都应当在接收者身上实现其目的，触发接收者的行动，让接收者进入某种状态，帮助他更快或更好地完成任务。"内网3.0"便是如此。新员工可以更快地融入，能了解到目前项目的最新状态，并针对特定的问题快速找到交谈伙伴，他们不必花很大力气便可以让自己成为内网的一员。

……包括速度

内网的优势还会加速其他操作进程：信息和知识会被更快地交换，决策会被更快地做出，跨领域的团队能够更快、更简单地合作。个性化首页等工具可以避免团队成员同大量与自己无关的信息斗争。

……归属感……

"内网3.0"的另一个不容忽视的好处，则是能够将员工的情感与公司和部门对接。宽敞的数字化办公室，让我们能够快速地同团队或公司中其他成员联络，与电子邮件和电话相比，这更能增进人们的归属感。人们可以共同阅读项目的进展，人们可以通过他人回答问题的时间、方式及内容，更好地了解自己的同事。针对最新的情况，包含了你简短话语的视频，或者两三分钟的访谈录像，都能够将事情的背景解释清楚，并让情况的改变显得不那么生硬。和官方通知相比，这样的交流方式对员工来说更亲近、更有人情味。

你还可能通过网内储存的个人资料发现员工新的才能，或者之前没有显露出来的知识。电话中听到的声音，此时拥有了图片和资料。一次新的交谈，或者一个新的项目，都有可能从这些资料中产生。

……让员工彼此相识

最重要的是，员工不再觉得孤单。他们知道自己的问题将得到答复，知道针对自己目前的难题，别人已经拥有了经受过考验的解决方案。

作为领导工具的"内网3.0"

刚才讲的都是员工能够利用的优势。然而作为领导者，"内网3.0"对你又意味着什么呢？你还要考虑到哪些限制条件呢？你如何才能削弱这些限制呢？

社交内网会简化面向个别员工和团队的信息分享，这一点很实际。然而，如果将社交内网的功能局限在这一点上，那未免也太狭隘了。因为作为领导者，"内网 3.0"对你而言并不是信息单行道。恰恰相反，你能够以更快、更靠谱的方式了解最新的项目情况、文件记录，以及员工的日程安排，如果他们的日程表对你开放的话。换句话说，你随时都能够获得与你工作相关的信息，而不用主动向员工提出索取要求。

但正是这一点令许多员工望而却步。他们无法控制自己的领导何时会获得哪些信息。他们的业绩会变得透明，他们对解决特定问题做出的贡献，以及对产品开发展现出的创造力亦是如此。这时，能起到帮助作用的只有信任，即对你这位领导者的信任。员工要相信，你并非是要监视他们，而是要争取共同的成果。

如果查看信息的目光是来自同事的，那么这种目光同样可能会让人觉得不舒服。查看的人，可能是内部的"本月最佳男员工""销售额国王"，或者不久就可能出现的"本月最佳女员工"等头衔的竞争者。在这方面，你同样要扭转局面。你要强调大家共同的利益，以及内网的优点，并向使用"内网 3.0"的员工展现出自己对此行为的尊重。你能做的还有在"本月最佳男员工"之外再设立一个头衔——"本月最佳同事"。你要让员工知道，你会借助在"内网3.0"中储存的个人简介为下一个跨领域项目组建团队，你会将招聘计划公布到内网中，而公司内部的行家则可以在此报名应征。你可以通过发布最新信息，包括市场发展信息，关于最大的竞争对手的信息，以及能够成为销售论据的最新发展趋势等，创造出让员工定期使用公司内网的动力。

作为领导工具的"内网3.0"

举例

"内网3.0"会为身为领导者的你提供如下优势：

＊获取相关信息，如项目状态、工作报告、客户拜访记录等（能在这里用到的、性能可靠的"工具3.0"有Trello、Wrike等）。

＊获取员工的日程安排，你也许还能在日程安排中添加自己的笔记和评论。

＊更快地与单个员工或团队进行对话，通话几乎瞬间就能开始。

＊让员工更快地摸清门路、进入状态。

＊将员工自己加工维护的个人简介作为信息来源，了解员工的知识、经验等。

＊通过将员工更好地联网，并将知识迁移做得更好，实现内部进程的加速。

将能力转化为行动

请变得积极起来！你不需要用危机为自己施加行动的压力，无论是经济方面还是个人方面的危机。

如果在陷入危机之后才开始寻找出路和解决方案，那他最多只能做到止损。作为卓越的领导者，你应该已经对自己的未来及公司的未来做出了展望，并确定了未来的行动方向。

下一次危机一定会到来，但如果你和公司已经站在了稳固的基石之上，那么危机对你的冲击将会变小。

你还记得三大支柱吗？以价值观为基础、可持续发展、以盈利为导向。作为杰出的领导者3.0，你在决定自己行为的时候要依照这些基础原则。它们会带来安全感，并让你感觉自己为了完成正确的目标而做了正确的事。正确的目标，是能让你的生活变得充实的目标。詹姆斯·邦德（James Bond）会拯救世界，我们的目标可以比这小一些，但它们依旧是有意义的。

简明清晰的领导者找到了他们的"元任务"（即位于具体任务之上的管理任务），他们的"元任务"总是和"意义"二字相关联。如果谁仅仅为了得到酬劳而做事，那他早晚会为了能做上事而不得不自掏腰包。如果你想成为最好的领导者，并渴望做到自己能够做到的最好，那你不仅仅要阅读书中的十条领导法则，你要将它们付诸实践！

领导者3.0……

……找到了自己的"元任务"

让我们再回顾一下这十条管理法则：

第一条管理法则：专注于重要的事情

第二条管理法则：成为值得信赖的榜样

第三条管理法则：追求正确的、有价值的目标

第四条管理法则：训练你的决策力

第五条管理法则：将员放在行动的中心

第六条管理法则：做正确的事情，将事情做正确

第七条管理法则：看重价值的领导行为，将带来更高的效率、更好的结果

第八条管理法则：创造属于自己的"惊叹元素"

第九条管理法则：通过理智和意识来提高销售额和利润

第十条管理法则：利用集体的智慧

这十条简单、清晰并重要的准则会让人与众不同，这些具有决定性的法则，是你工具箱中的工具。利用这些工具，你可以拧紧个人和公司发展中的每一颗螺丝钉。请依靠这些法则，以便能够获得帮助自己克服巨大挑战的杠杆。这样，你将成为为公司提供能量的"供货商"。

创造价值，而不是让自己精疲力竭

你将成为一个有说服力的榜样，并能够激励周围的人们，你的员工、商业伙伴、同事、家人

和朋友。清晰度、关键性、依靠价值观支撑的基础、符合伦理道德，针对自身、员工和公司的领导行为，以盈利为导向，让企业能够持续成功的力量——简明清晰的领导者这十条价值准则，将会让你的盈利充满意义。通过尊重价值创造价值。创造价值，而不是让自己精疲力竭。只要你确信，自己所做的是正确的、有价值的，那么你在做事的时候永远都会感到轻松。让你的"惊叹元素"为自己插上翅膀吧！

成果会出现在你的行动之后

想要最大限度地从十条领导法则中获益，你现在能做些什么？我的建议是：

* 请随时拿起这本书，以便执行书中的建议。书中的小练习都非常有价值，你要让它们成为自己的习惯，这样，你便能够在以下几个方面做得更好：保持头脑清晰、明确价值准则、以目标为导向、在可持续发展的前提下专注于盈利。

* 我不想卖给你什么东西，而是想与你分享我作为简明清晰的领导者积累的知识，所以我想提出两个具体的建议：

1. 我很愿意为你免费提供《销售如今已不同——7×2销售的五条规则》（*Vertrieb geht heute anders. 5 Regeln für den Vertrieb 24/7*）这本电子书。你只需要向 a.buhr@buhr-team.com 发送一封邮件，我们就会将这本电子书发送给你。

2. 作为本书的读者，你可以免费获得商业及教育领域的知名杂志。你只要在 www.buhr-team.com/de/coachingbrief 注册即可。你将获得商业知识、经济决策师的采访录、百分百的企业家故事等。没有形式广告，没有空话连篇，只有包含着幽默元素的经济学。

你可以通过我在 Xing、LinkedIn、Google+、Facebook 的主页联系到我，也可以在我的博客上（www.buhr-team.com/de/blog）给我留言。无论什么情况，你一定会得到答复。

行动吧！开始吧！就是现在！